超常規

SUPER NORMAL

沒有金錢、人脈、才能，也能創造驚人成就

朱彥奎 주언규——著
馮燕珠——譯

슈퍼노멀：폭발적 성과를 만드는 평범한 사람들

NORMAL

卓越領域

SUPER

普通領域

我也想像他們一樣。我曾經抓住那些人詢問、拜託、哀求他們，取得成為超常規的方法論。我運用這種方式生活了九年，**獲得非常成功的成果，我也成為實實在在的超常規者**。

既非含著金湯匙出生，也不是卓越出眾的天才，卻能在平凡的範疇內發展得不平凡，**這種人，我稱為「超常規」者**。其實超常規者在社會上無所不在，不論是在公車或捷運裡、圖書館、街道上，到處都有。那些不刻意突顯自己成就的超常規者，都長了一副普通、平凡的臉。

這本書不談虛無飄緲的目標和想法，內容只有可以完全改變生活方向的具體實踐方針。

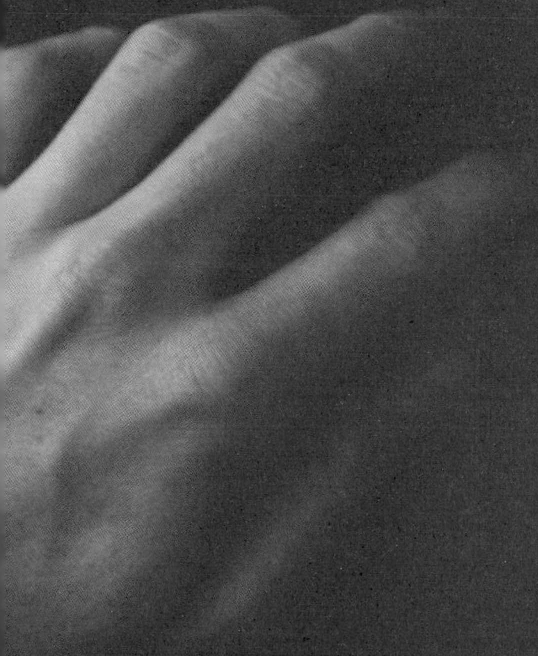

我將成為超常規的方法直接傳授給別人，應用在其他人身上，也取得了非常好的成果。

曾經像我一樣平凡的他們，也照著超常規的方法論，在自己的領域取得成就，展開自己的一片天。

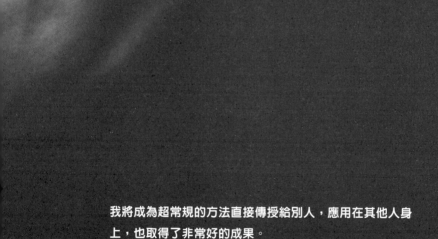

希望可以見到
成為超常規者的你。

如果能夠理解並實踐超常規法則，相信你也很可能取得良好的成果，因為本書有我、我的朋友、員工等，從普通人蛻變為「優秀的普通人」的原理和過程。

很期待你在看完這本書後，人生會發生怎樣的變化。

序

獻給夢想著成功的普通人

現在，我的人生已經完蛋了。

爲了躲避不斷響起的電話和訊息，我將手機關機，因爲大家似乎是爲了確認我有多慘才打來。決定放棄剛要開始起飛的事業，因爲每天得到處周轉數百萬元的金流，而一直喘不過氣來。更讓我喘不過氣的，是必須資遣一直以來信任我的員工們。我實在無法開口告訴他們，因爲我發不出薪水了。只能不住地拜託他們相信我、體諒我，總有一天會再找他們回來。現在的朱彥奎，已經完全沒有過去在 YouTube 頻道中那種意氣風發的樣子了。人如果長期不鍛鍊肌肉，那麼所有肌肉都會逐漸失去功能，如今我也不記得如何製作 YouTube 影片了。就這樣，我的「舒適圈」（安全地帶）漸漸變得越來越窄。*

舒適圈，是指一個人感到安穩舒適的範圍。在我還充滿自信，在 YouTube 和

Instagram 上傳影片活躍的時期，並不知道所謂的舒適圈其範圍並非固定不變。當時的安全地帶比現在寬多了，身邊還有支持我的家人、隨時可以依靠的夥伴，更重要的是，我一直相信自己可以做得很好。可是，當我意識到事情進展得不順利時，舒適圈就停止擴張，很快就開始萎縮。就這樣將《黑暗榮耀》和《地下菁英》等電視劇當作麻醉劑，迴避持續崩潰的現實。

但我不能就這樣繼續下去直到毀滅。

我開始掙扎著想做點什麼，於是一有空就埋頭寫作，將現在發生在身上的事情和想法、今後的計畫等寫下來，刻意不去責怪別人或者怪罪自己。自我埋怨就算了，若把矛頭指向他人，一味認爲「都是別人的錯」這是最糟糕的，因爲沒有一件事是可以靠責怪別人就能改變。如果我不能守護一心爲我的家人以及等著我

* 「舒適圈」是《刻意練習：原創者全面解析，比天賦更關鍵的學習法》（方智出版）的作者安德斯．艾瑞克森首創的概念，之後在麥爾坎．葛拉威爾的《異數：超凡與平凡的界線在哪裡？》一書中再次被提及。

實現「總有一天會再找你們回來」的員工，那我的人生眞的會毀掉，所以決定不去探究這是「誰的錯」。

我關掉了Netflix，不再成天追劇，開始去游泳池報到。剛開始游泳技術只不過普普而已，但我決定按照自己的節奏，創造想要達到的紀錄。於是每天泡在游泳池裡三、四個小時接受訓練，計算手揮動的次數，重新學習轉身、踢腿、滑水的方法。每往返水道一次就確認時間，調整呼吸的頻率，進行肺活量訓練。我一邊接受有系統的訓練，一方面自己也努力提升技術。看到這樣的我，周圍的人都感到驚訝，不了解爲什麼一向不擅長游泳的我，會如此拚命練習。在他們眼裡看來，我就像已經無處可逃，只能藏到水面之下了。

當然，這是因爲游泳可以消除「雜念」，在水面下憋得喘不過氣時，腦海中只會想到「呼吸」這個生存本能，那麼其他一切都無法折磨我。然而游泳還告訴我另一件事，就是即使游泳只有三腳貓的實力，但只要經過有系統的訓練和努力不懈，也會有顯著進步。雖然我認爲其他的一切都已停止、完蛋了，但很明顯地我在游泳當中「成長」，證明我在某些方面（雖說游泳看起來與事業沒有什麼關係）也可以實現成長。

還沒有結束，我的內心正在高喊著：我要立即從萎靡的「舒適圈」衝出來。

只有從舒適圈中邁出一步，才能實現「成長」。

而這種「成長」，可以透過系統化訓練來實現。

不僅在外面，在水中也感覺什麼都做不了的我，透過訓練和不斷練習，不知不覺間累積了扎實的游泳實力。從游泳中，我找到了將自己帶到現在這種狀態的動力。

離開舒適圈，進入「成長區」，這階段誰都會被視爲愚蠢的人，因爲總是什麼都做不好。「音痴」仍天天唱歌，人們就會覺得他是個怪人；不會跳舞的人每天都在YouTube上傳跳舞的影片，人們看了會不耐煩的。**但成長是從「繼續做不擅長的事」這瞬間開始。**反過來看，如果只做自己擅長的事，一直停留在舒適圈，不知不覺地就會被淘汰。我想，沒有必要害怕別人指指點點和看衰自己的眼神。

我不再介意周圍那些令人寒心的目光，決定重新進入成長區。整理在徬徨期間寫下的數百張紙條，開始撰寫本書。至今爲止，從歸納的角度出發，確定了如何擺脫舒適圈，走向成長區，以何種方式鍛鍊屬於自己的系統。我得到一個結論，我所取得、無論大小的成功都有一定的過程，而我打算將這種方式再次運用到生活中，以求「反覆成功」。

仔細想想，無論做什麼事，剛開始都聽到別人說我是傻子。不管什麼事，否定意見絕對比積極的支持多更多。如果我有特別的才能、好學歷、出身富裕家庭，這世界也許會比較支持我，沒有多少人相信如我這樣的一介上班族會成功。但是，即使聽到別人說我傻瓜，我也沒有停下腳步，終於在某個時間點擺脫了舒適圈，進入成長區。從平凡的上班族到成功打造智慧商務的網路賣家，再到擁有一百八十萬人追蹤的YouTuber，進一步成爲重新進入IT市場的企業家……在某種程度上，堪稱是個優秀的人。

訓練，可以讓人成長到某種具有相當出色水準的程度。雖然我接受了有系統的訓練，進行刻苦的練習，並不代表我就能成爲游泳國手，但至少具備了在社區游泳池吸引眾人目光的實力。我稱這樣優秀的人爲「超常規」者。實現從平凡到卓越的方法，我在曾經的絕望中寫下了其訓練和練習的原則。簡言之，本書寫下了成爲超常規的方法。

要待在現在的位置也可以，但就像人越不運動，就越會失去肌力一樣，你的舒適圈必然會逐漸變窄。周圍的人和內心的自我，時時刻刻都會像這樣在你耳邊低語：

「是啊，能留在這裡就已經很好了，你是有資格被愛、值得被愛的存在。」

你可以就此滿足，選擇繼續留在舒適圈。但是我選擇擺脫甜蜜的安慰，用「成長」時的不適情感爲動力前進。現在留在原地，眞的能保證永遠安定嗎？也許曾經安慰你、爲你加油的人，有一天看到仍停留在原地的你，也會離開。因爲很少父母會永遠疼愛一直賴在地上哭的孩子。

支持你的成長。

再度向成長邁出一步的　朱彥奎

目錄 CONTENTS

第二部 超越平凡的超常規法則

第三部 超常規，還要更進一步

※為便於讀者理解，本書的韓元幣值，皆以換算為臺幣。

第一部

我，這個領悟到超常規的普通人

「普通人也可以致富嗎？」

「不行。」我曾經爲驗證這個問題的答案而努力過。當時我擔任財經電視臺的製作人，一直在尋找那些發大財的驚人實例，將他們「特別的一面」包裝成英雄故事製作成節目播出，爲了獲得高收視率而竭盡心力。

但隨著深入採訪，我身陷苦惱之中，因爲要在那些人身上發現英雄的一面，眞的不容易。越是採訪那些白手起家的富翁，越覺得似乎一開始設定的前提就不對。我的前提是「賺大錢的人，都有與生俱來的天賦和異於常人之處」，但實際採訪的結果卻不是我所想的那樣。爲了節目效果，若是沒有套好的內容或剪接，很難刻畫出他們不同於一般人的面貌。

沒有起伏的內容，節目很難有好的反饋。我最終還是沒找到「超級英雄」，節目也失敗了，但還是有一點收穫。

「或許眞正的價値就在於平凡吧？」

這讓我想到一直以來從未思考過的問題。從那時開始，我不再爲了節目而採訪，而是爲了改變自己的人生提出眞誠的疑問，並且將答案中得到的一切原封不動地運用到我的生活中。

「普通人也可以致富嗎？」

經過時間的洗禮，當我再度遇到這個問題時，我可以非常明確地回答：「可以。」

在地鐵車廂滿滿的乘客中，必然會有每月賺數十萬元、累積了千萬元資產的人。他們不是含著金湯匙出生，也不是那種極少數的天才。他們和你我一樣平凡，但在看似平凡的範疇內，其實超前很多，我把他們稱爲「超常規」者。

我在經營 YouTube 和做生意的過程中，遇到了很多這種超常規者。透過無數次交談和觀察，我明白一件事：那些人不是天才，而是普通人，只是透過一定的程序獲得財富和成功，成爲超常規者。於是我也採用從他們那裡學到的方式，非常幸運地進入了超常規的行列。雖然不是什麼了不起的事，但是在三十多歲的年紀就累積了兩億元以上的資產，擁有一百八十萬訂閱者的 YouTube 頻道，並在擴大之後以五千萬元的價格出售，現在已經實現了財富自由的生活。或許有人覺得這樣的成果很了不起，但我深知目前所在的領域，只是「卓越的普通人」的領域。

現在我們要談談那個過程。像我這樣平凡的人，在資本主義社會的生存之道，實踐超常規的過程。我想毫無保留地告訴大家，我從月薪約四萬的上班族到擁有今天的財富，這中間經歷了什麼樣的過程。

STAGE 1 源起

每月只有五千元可運用的人生

「啪！」

一記耳光驚動了全公司的人，前輩的手打在我的臉頰上，也深深地打擊了我的自尊心。

「看不起碩士是嗎？覺得研究所很可笑嗎？」

前輩瞪著我喊著。那一刻眞正可笑的是，我從來沒有輕視或無視過前輩。我只是工作而已，對前輩的學歷完全不感興趣。也許前輩是在其他地方受到輕視後，藉酒向最容易對付的我洩憤吧。

一時沒能回過神來，覺得臉頰燙燙的，我在公司的地位太明顯了。像我這種人在哪裡都會被無視，換句話說就是這間公司最底層的人。這是我剛踏入社會不久的事。

我的第一份工作是在財經電視臺。比任何人都努力工作，身爲負責晨間節目的製作人，我帶領了包括企畫和播報員在內的三人小團隊。雖然當時是新人，但是做得比預期還好。不僅帶動了同類型電視節目的風潮，還從許多地方得到「贊助」，獲得收益。雖然英語不行，但仍透過數十次聯繫芝加哥和新加坡的廠商，拿到了廣告贊助。這些都是其他製作人未曾嘗試過的成果，但是實際上眞正回饋給我的，是每年根據職等稍微增加的薪資和同事們的指責。

「都是因爲你，害我現在多了很多工作。做事不要那麼想出鋒頭，適可而止吧。」

「別人看到，還以爲所有工作都是你一個人做的呢。」

甚至有些前輩會在其他後輩面前，若無其事地說出這樣的話：

「製作人再怎麼努力也升不了職，如果想晉升，當初就應該去應徵記者。」

在這個無視我的努力，甚至無視我存在的地方，毫無意義地掙扎著。在無論多麼努力，人生也不會變得更好、充斥失敗意識的地方，即使原本不是那樣的人，所剩無幾的自尊心最後也會被殘忍地踐踏。我憤恨地流下眼淚，不想和嘴裡說沒有必要努力、凡事只會束手無策的人們在同一個公司上班。這就是我一直沒說出口、眞正的辭職原因。雖然很窮、很需要錢，但並不是單純地因爲想賺更

出勤狀況						
合計			支付總額	扣除總額		扣除後支付額
			48,218	7,610		40,608

薪資雖少但充滿希望的社會新鮮人時期（左），以及五年後（右）對工作毫無期待的對比照片。第一年我的月薪是四萬元左右。

多錢才決定辭職。財富自由？似乎也想到了那點，但當時不太確定是第幾順位的理由。

辭職後，我看到了連自己都沒有意識到的眞相。一直都很喜歡認眞對待事情的態度，也眞心地面對每件事，不管在大學、進入公司、辭職後都是一樣。我仰慕那些不屈服於失敗的人。比起擁有悲傷故事的人，看到那些眞心對待每件事的人，內心會更加感動。所以不管在什麼情況下，我總是真心以待。大學時一天二十四小時，有十四個小時以上熬夜玩遊戲時也是如此，常常人們回到了現實世界，最後只剩下我一個人在那裡。

最重要的是，我想反擊那些認為努力沒有用的人。想讓大家知道，只要找對方法努力實踐，就能做到。我過去都是為了證明這一點而活著。

最近經歷了一場大失敗，儘管如此，我還是不會放棄，因為我也想讓兒子感受到看著那些不放棄的人，所獲得的感動。我想成為凡事用盡最大努力並慈祥的父親，我想成為看似永遠都不會感到疲憊、有著平和面孔內心堅毅的父親，我想告訴兒子要用全心全力來生活。

還有，我想對正在看著本書的讀者說，希望這本書能成為不僅是我、「你」也能做到，也就是像我們這樣平凡的人，也能成功反擊的起點……

STAGE 2 展開

選擇致富之路

在上班族生涯中所經歷的「貧窮」，雖然不是辭職的根本理由，但足以成爲辭職的動機。新進員工時期我的月薪是基本工資三萬八千元，再加上各種津貼及扣除額後，每月可以實領四萬元左右。在很難期待大幅加薪或有額外獎金的情況下，用這些錢維持生計代表了什麼意義？答案逐漸明朗。首先是根本無法期待有良好的居住環境，我與從大學時期就交往的女友結婚，而當時我們擁有的錢，只能夠在新亭洞舊公寓區找到一間在半地下室的新婚房。

在這間陽光照不進來的房子，各方面條件都很差，不只貓會從半地下室的窗戶鑽進來，甚至還有爲了找尋溫暖棲身地而聚集的蟑螂，非常可怕，但這些還算我可以解決的問題。因爲隔音不好，所以必須忍受鄰居的鬧鐘聲，甚至是上廁所等大大小小的聲音。但是因爲對外的大門沒有鎖，閒雜人等都可以自由進出，所以有喝醉酒的人會在大門玄關前隨地小便，讓我產生了立刻搬家的想法。有一次，妻子買了一些家飾品回來，說陽光照不進來的房子，起碼也要裝飾一下。看著妻子布置著家裡，我卻莫名發怒：

「弄那麼好看有什麼用？不要白費力氣了！」

當時妻子傷心的表情至今還歷歷在目。那時我領悟到「陽光」是家居裝飾的必備要素，沒有陽光的家，不管怎麼裝飾都沒有用。我其實不是生妻子的氣，而是爲自己的能力只能住在這種地方，感到鬱悶又憤恨。

那時除了存錢別無他法。每月扣除必要費用，扎扎實實存下兩萬五千元，只留五千元作爲生活調度之用。用這些錢，我不敢想爲自己做些什麼，也不敢去投資，更揪心的是，我的妻子和孩子也要過著「五千元的人生」。

就這樣過了幾年，我突然醒悟過來。每月存兩萬五千元，一年是三十萬元，十年累積爲三百萬元。也就是說，就算長期儲蓄，別說電梯大樓，就是一般的公寓我也買不起，似乎一輩子也擺脫不了老舊公寓的半地下房生活。雖然妻子想盡方法布置這個一點光線都照不進來的狹小半地下新婚房，但那是我最不願看到的，這樣下去不是辦法。

我需要錢，只要有錢，就能甩掉不當對待我的公司，不會再遇到瞧不起我的前輩。只要有錢，就可以和妻子一起布置寬敞、乾淨、陽光充足的房子。

方法只有一個，我要致富。再也不能讓任何人看不起我，不，不須理會那些當初無視或不想理會我的人，我要賺很多錢，這才是答案。就這樣，我「決定」賺錢。

STAGE 3 危機

第一次嘗試，倒賠百萬元

二〇一五年，我下決心要賺錢，站在「投資」和「創業」的交叉路上，我決定創業，而非把時間花在投資上。因爲之前擔任財經節目製作人時，接觸了很多投資者，反而對投資產生了不信任。當時雖然見了很多自稱股票或房地產的「專家」，但多次目睹他們後來負債累累，嚴重的甚至還因詐騙入獄。另外，我存的錢也不多，要馬上投資理財似乎很難賺錢。然而這個選擇，卻帶給我有生以來第一次經歷的巨大痛苦。

如果你的存摺裡存入了一百萬，第二天你的人生會發生多大的變化？或許會開心一陣子，也許沒有什麼特別的變化。但同樣是一百萬，如果是「債務」，人生肯定會迅速產生變化，也就是朝向非常不利的方向。我在一開始的攝影棚租賃事業上遭受了巨大損失，眞眞切切領悟到這個眞理。

剛開始創業時信心滿滿，因爲過去擔任電視製作人時，有過使用各種攝影棚的經驗，因此有自己的一番見解，扣除租金或其他費用，還算能有一定的利潤。事業的開始很順利，我用自己的一百萬元，加上其他同行投資的一百萬，總共兩百萬的資金展開新事業。簽訂既能獲利也要承擔風險的協議書，我和合夥人同舟共濟。地點我們沒有選擇人來人往但租金昂貴的弘大入口站，而是選擇了較不熱鬧的大興站附近的建物。直到簽約並進行裝潢爲止，我都夢想著可以賺大錢。

但第一次創業的結局以失敗告終，一切都成泡影。那個地方根本就沒有生意，但是每個月二十萬元的店租卻得按時繳交，當時眞的快瘋了。這個透過上班五年賺來的全部財產，加上合夥人投資共兩百萬的事業，最後結局是要再掏出兩百萬彌補虧損。即使自己不領薪，收入還是呈現負值。

有一天，合夥人打給我，表示想退出，希望我還給他一百萬元的投資金。

「不是，有福同享、有難同當，要一起共體時艱，這不是合夥的原則嗎？現在退出我怎麼辦？不是還簽了合約嗎？」

我反應很激烈，然而很快就知道了眞相，因爲當時任職的電視臺禁止員工兼職，我只能以妻子的名義開公司。但是事業發展不如預期，合夥人竟私下找了我的妻子，帶著她去找律師，在對他有利的部分進行公證。合夥關係只是一張紙，瞬間合夥人成爲債權人與債務人關係，顧名思義，我面臨到必須將事業投資金全部返還給合夥人的情況。

○○○現在必須立即匯款二十五萬元給△△△，其餘七十五萬元須於合約終

止當日，立即匯款。

我仍然清楚地記得收到債務履行通知書那天的衝擊。事後想對妻子發火也沒用，因爲當時未滿三十歲的妻子根本對事業一無所知，若要怪罪，只能怪我自己太相信人了。對懷著身孕還要幫我管理攝影棚的妻子，根本不忍苛責。而我都是在公司下班後，隨便以紫菜包飯果腹，就衝去攝影棚。但最終因爲事業失敗而背上債務，我不得不再借貸，才得以拿出一百萬元。

那時我對錢完全沒有「感覺」，並沒有切實感受到一百萬的價値，直到有了一百萬的「債務」時才醒悟過來。錢，如果那筆錢是債務，可能會在瞬間讓我和家人陷入地獄。投入一百萬元的賭注，導致悲慘的結果。當時的我是最糟糕的創業者，也是最糟糕的丈夫。在攝影棚以家爲藉口，在家以事業爲藉口，我把事情搞砸了。在攝影棚裡，以家庭關係不融洽爲由，表現出很憂鬱的樣子，對兼職的員工一直都很嚴厲；以家人爲藉口迴避生意失敗的責任。當時，我認爲在攝影棚裡也要想著家裡的事，這是身爲一家之主的責任。

回到家後，我把自己當作世界上最辛苦的人，因爲工作而忙，以工作爲藉口對妻子和孩子發脾氣，還誤以爲是對事業的投入造成。然而我因爲事業不順而感到鬱悶，妻子也跟著擔心，幸福似乎離我們太遙遠了。

STAGE 4 巔峰

超常規的開端：經歷戰勝厄運的方法

事業失敗後，我一時還無法回神。沒有賺到錢，也沒有能力打破現況，這一切都令人搖頭嘆息。

但是，眼前的現實非常迫切，不能責怪運氣不好而悲傷，因爲即使不吃不喝，還是要繳房租和還貸款利息。屋漏偏逢連夜雨，攝影棚的問題也開始逐一出現。建築物老舊，室內裝潢也很陳舊，最重要的是在這個地方根本很難有生意上門。我千方百計地尋找能解決這些問題的專家，但一無所獲。

這時我才明白，沒有人想跟正處於危機中的人有瓜葛。我是負債百萬元的失敗者，人們本能地感覺到，如果靠近我，可能會感染到我的不幸。雖然是理所當然的事，但這世界對我的不幸和困境一點都不關心，人們只想遇到成功的人。如果事業發展順利，周圍就會瞬間聚集很多人，但如果情況正好相反，就要做好被拒絕數十次的心理準備（除了多次嘗試，沒有別的答案）。

幸運的是，當時透過公司同事認識了行銷專家，那是經過幾個月的糾纏，才終於得以與對方見面，可見我當時有多麼迫切。

「聽說你有下關鍵字廣告嗎？大概放了幾個關鍵字呢？」

「很多，大概十個以上。」

對方一臉不可置信地看著我說：

「十個？現在沒有上萬就不算多啊。」

聽到這句話我受到衝擊，決定以最後一搏的心情，專心投入關鍵字廣告。「要上萬才行？那我要做十萬個。」我如此下定決心，並開始組合關鍵詞。想著十萬個關鍵字該怎麼做？瞬間，學生時代整天都在玩的《暗黑破壞神》電玩遊戲的畫面掠過腦海。

《暗黑破壞神 2：獄火重生》一般單品（武器、護具、飾品）前綴彙總表（247 種）

前綴名稱		附加效果	指數	等級	稀有度	選擇比重					
中文	英文						短刀	刀劍	斧頭	棍棒	鐵
結實	Sturdy	+ % 增加 防禦力	10～20%	1		9					
			21～30%	4		9					
強壯	Strong		31～40%	9		8					
光榮	Glorious		41～50%	19		8					
祝福	Blessed		51～65%	25		7					
聖人	Saintly		66～80%	31		7					
神聖	Holy		81～100%	36		6					
虔敬	Godly		101～200%	45	×	3					
				50		1					
可信	Faithful	+ 增加 等級比例 防禦力	等級 ×0.5%	30		3					
			等級 ×1.5%	30		4					

來源：《暗黑破壞神 2》

在該遊戲中，武器的屬性，以及長矛、刀劍、斧頭等各個種類衍生出多樣組合，創造了數百萬個道具的名字。我突然想到，把這個組合法運用到製作廣告關鍵字會怎麼樣？

首先我分析了攝影棚的特點，在Excel製表，在第一列標記攝影棚的「位置」。弘大、麻浦、大興站、弘大站等周邊地區，再稍微換一下字，盡可能在地點上多設計些，例如弘大、弘大入口、弘大入口站、弘益大學等，包括同一場所用不同的表達方式，盡可能多列出關鍵字。第二列加入了攝影棚的「屬性」，自然、漂亮、適合拍照、友情照片、粉紅色等，都是一般尋找租賃攝影棚時可能搜索的關鍵字。最後在第三列註明「空間」，租賃攝影棚、租賃工作室、租攝影棚、攝影棚、出租攝影棚……就這樣，每個項目至少寫了五十個以上，並進行組合。這樣可以產生多少個關鍵字呢？足足有三十萬個。我後來才知道，當時入口網站「Naver」的關鍵字廣告，一個帳戶最多只能註冊二十萬個關鍵字。※可是超出的十萬個關鍵字也不能放棄，於是我又再申請一個帳號做廣告行銷。

只能孤注一擲了，我快速地敲打著計算機，若想挽救這個攝影棚，每個月至少要賺二十五萬元才行，而這是每天至少要接受十組預約才能達到的銷售額。爲了隨時都能接待客人，我決定二十四小時營業。爲了每月能賺二十五萬元，我掌握所需的準確數值，並轉換成可以實現目標的事業結構。

雖然是帶著不成功便成仁的心情，但效果卻非常顯著，立即出現了爆發性

※關鍵字限制在二十萬個是當時的政策，現在可能已經改變了。

的反應。攝影棚因預約太滿隨時都是擁擠狀態，隨著偶像團體如 BLACKPINK、Red Velvet 等名人光顧，也因此名氣越來越大。重新找回自信的我決定展店，一下子又開了兩間分店。靠著租賃攝影棚每月就有二十五萬元以上的固定收入，這是我取得的第一次成功。從那時候開始，對賺錢有了點自信，除了租賃攝影棚之外，還透過許多管道找到「賺錢的方法」，並立即付諸實行。我在 Naver 網路商城開始銷售商品，專賣家居裝飾品，還開了實體店鋪。另外，懷著「想告訴別人我是如何成長」的心情，開始經營 YouTube 頻道《申師任堂》，並且也迅速成長。包含集結我過去經驗的作品《Keep going》的初稿，也是在那個時候寫的。

二〇一九年，我決定中止租賃攝影棚的事業，原因是健康惡化。當時租賃攝影棚、網路商店、實體店鋪管理、YouTube 頻道經營、寫作、演講……許多工作壓得我喘不過氣來。每天熬夜工作，常常以紫菜包飯充飢的日子和壓力，造成我出現「心絞痛」。一次被送進急診室後，我知道不得不調整工作。我把網路商店管理交給員工們，租賃攝影棚則頂讓出去，緊接著就發生了新冠疫情。

我將租賃攝影棚和網路商店放掉，只專注於經營 YouTube 頻道，而時間正好就是新冠疫情爆發，大家都在避免人與人的接觸，進而活絡了網路的各種需求，我的 YouTube 頻道也急遽成長。我也因爲經歷新冠疫情，在經濟不穩定的情況下，開始對「理財」產生了高度興趣。整體來說所有一切都很幸運，一切都值得感謝。

這一切幸運降臨在我身上的原因是什麼呢？

FINAL STAGE 尚未結束的結局

給站在致富起點的你

「我是怎麼做到的？」

關於這個問題，我整理了一下，可以肯定的是，我雖然不到家徒四壁的地步，但確實也不是含著金湯匙出生，更沒有特殊的才能。以常態分布來說，我就是一個「平凡的人」，也就是分布範圍最廣的那一群。現在你覺得呢？有些人，

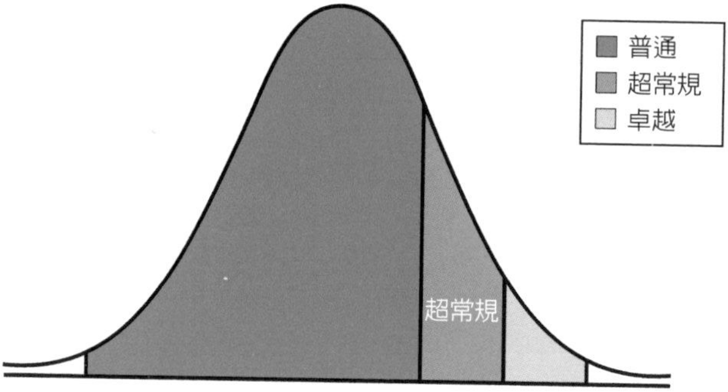

「超常規」在常態分布中的位置

特別是那些我一直感激的訂閱者，把我視爲取得巨大成功的人。但現實中我所屬的位置，是在常態分布最大的那一區塊中的末端，用一句話來形容，就是「平凡人中的超凡」。

我創業、經營事業、開 YouTube 頻道，認識了很多人。發現除了特別極少數的幾個人之外，大部分人都處於「平凡的領域」，停留在這個領域的人，目標大體上都是希望「在平凡中，成爲超凡的狀態」，這不需要具備了不起的才能或是天方夜譚般的經歷。我所了解的超常規過程，也是以平凡人所實踐的事實爲前提，並不是不可能達成的目標。

我之所以制定超常規的程序，是爲了讓自己更上一層樓。我認爲想獲得比現在更大的成長，最好的方法是讓周圍有更多人與我一樣，達到這樣的位置。我希望將祕訣傳授給那些與我一起度過最多時間，並對我產生影響的夥伴們。爲了「強迫」新進職員成長，我整理了五個階段的教育課程，並取名爲「超常規法則」。

不過超常規法則存在一些局限性。

第一，無法讓平凡的人成爲優秀的天才，但卻是成爲「優質平凡人」非常好的方式。

第二，這不是爲夢想成爲億萬富翁者提供決定性幫助的法則。當然，據我所知，大部分人並未眞的想成爲億萬富翁，擁有千萬資產其實就很滿足了。另外，超常規法則也無法讓公司營收每月達到數千萬元，而是以個人，以月收入超過二十五萬爲目標的自由工作者或上班族而設計的成長指南。千萬的資產或每月二十五萬的收入，若說是夢想格局有點小，但要說是目標又有點難度，正好可以用來當作超常規法則的指標。

還有一個非常致命的局限性。讀完本書後，最後一定會留下名爲「我的努力」的部分。即使知道方法，如果不去實行，就絕不會實現。我可以告訴你方法，但是不能逼你去行動，一定要記住這點。

「平凡的人能走到哪裡呢？」我偶爾會這樣想。「從負債百萬到成爲身價上億的夢想實現了，接下來呢？」有一次，我爲一家企業演講時說：「我想打造一個價值上兆的企業。」在場所有人都笑了，但對我來說，並不是在開玩笑。我的目標眞的是將現在的事業提升到上兆的價值。現在我的時間表只塡滿了實現夢想的程序，當然我知道，即使付出全部的時間，「打造上兆價值的企業」這個目標，也有可能無法實現。

「沒有辦法，因爲有些事即使努力也可能做不到。但即使如此，在死之前至少我可以驕傲地說，我爲了實現夢想而努力了一輩子。」

現在三十多歲的我，後悔在二十多歲時沒能更加努力地生活。到了五十歲，或許會對三十歲的自己感到遺憾。如果八十多歲去世，那麼也許會後悔一路活過來的日子。這種時候，「雖然沒能實現夢想，但是爲了實現夢想而拚盡全力」的人和「連試都沒有試過」的人，誰會比較後悔？因爲不想後悔，所以今天也努力得很充實，感恩地活著。

在你朝向夢想奔跑的時候，我也會朝著我的夢想奔跑。爲了實現夢想，我懷著分享過往經歷的心情寫了這本書。我相信你我都能走到夢想的盡頭，如果我有一天離開超常規的範圍，走向更遠的世界，我想把這個故事告訴更多人，那是我的夢想和目標。

每天累積制式、平凡的「健身訓練」所產生的結果。不間斷的運動，每天都一樣又平凡，並沒什麼特別。也許正因如此，像我這樣身材平凡的人看來，身材特別好的人，也會說自己很「平凡」。

律師和醫生算是特殊職業，但他們也經常自稱很「平凡」。雖然在外人眼中他們很特別、不平凡，但在他們的立場上，認為也只是過著平凡的生活。上大學時，他們只是把屁股黏在椅子上，度過長時間學習的平凡生活。

為什麼看起來特別、很了不起的人都很謙虛呢？我對此有了疑問，還直接去問那些優秀的人，為什麼對自己的成就如此謙虛。而他們的回答始終如一，那只是把平凡的每一天累積起

To：

站在超常規門前的你

99%的人，天生就平凡。

如果不是那出身富貴或天賦異稟的前 1%，絕大部分人都是平凡的人，我也只是一個平凡的個體。

最近「平凡」似乎被當作負面的意思，「那個人很平凡」「你很平凡」「平凡的我做得到嗎？」想想這些句子所蘊含的意義。平凡不會帶給人積極的感覺。比起這樣的單詞，我更想擁有與平凡對立的「特別」一詞。我們每個人都有想成為「特別」的欲望。

有趣的是，「特別」是平凡的事物聚集在一起而到達的狀態。舉個例子，練就健美身材，這是很多人嚮往「特別」的狀態。但是沒有人天生就擁有健美身材，即使有，也必須透過持續的飲食管理或運動才能維持。也就是說，健美、特別的身材，是但還是有不斷前進的人，這樣的事例依然存在，而尋找這些，將是我們成長旅程的第一步。

來的成果，就這樣持續到現在。他們認為自己的過去和今天實際上都很平凡，甚至認為自己做的這些努力是任何人都做得到的。他們的特殊性比較接近「過程」的特殊性，而不是「結果」。

有人想一直處於平凡狀態嗎？「平凡」這個詞，會讓人想快點擺脫，讓人有厭煩的感受。儘管如此，只有忍受這種感受，一步一步走下去，才會取得特別的成果。為了特別的成長，要不斷思考如何度過平凡的一天，以這樣的苦惱填滿一天是無比特別的。人不是「天生」特別，而是「過程」特別，這就是個人成長比天賦異稟更重要的因素。

即使是在最糟糕的情況下，也會有人取得成果，那種人我稱他們為「突然變異」。因為太辛苦而放棄，雖然是很自然的事，

第二部

超越平凡的
超常規法則

我不是失敗，
只是發現了
一萬種不成功的方法。

——愛迪生

第一階段

發現變異之處

從藉口中，可以發現變異的提示

發現「變異」是打開富人之門的第一個提示。在意識到變異的存在之前，我的生活與超常規的思考相去甚遠，因爲我會在嘗試之前，先想到不能嘗試的理由。一言以蔽之，就是藉口太多，認爲成功的人「是因爲有這樣的理由，所以才會變成那樣」，並爲自己畫下界限，認爲無法超越。

「要想事業成功，必須出生在有錢人家。」

（我並未出生在有錢人家）

「那個人學歷好，所以才會成功。」

（我的學歷不怎麼好）

「因爲他是專家才會成功。」

（我不是那個領域的專家）

「他的人脈很廣啊。」

（我沒什麼值得炫耀的人脈）

在世界這個舞臺上，我曾因爲自己只是「配角」的想法而痛苦過。每當面對有錢人、畢業於名校的人、人面廣的人、擁有卓越技術的專家時，心裡總是很沮喪。而且，爲了否定他們的成果，認爲他們犯規。覺得世界是爲了那些特別的人而存在，看起來並沒有爲我準備的位置，沒有我的立足之地。甚至產生了一種絕望感，認爲我永遠不可能成爲主角。在第一次創業，也就是租賃攝影棚時期，我有很長一段時間被這種想法束縛。

有一天，攝影棚的員工對我說了這樣的話：

「我們的攝影棚太小了，很難吸引那些有名的雜誌來拍攝。」

我聽了自尊心受損，但又不想顯露出來，雖然在員工面前附和「對，你說得沒錯」，但回家後卻整夜埋頭尋找有沒有「在狹小攝影棚拍攝的雜誌」。我不記得爲什麼如此狂熱，是因爲自卑還是其他原因。後來竟然找到了那樣的雜誌，我寄了攝影棚的宣傳內容和樣本照片給對方，不久後發生意料之外的事，知名時尚雜誌《Bazaar》竟然前來我的攝影棚拍攝。

人生的變化是從改變思維開始的，自從那件事之後，我發現**習慣性的藉口中，通常會隱藏成功的提示**。從那時起，我開始在所有的藉口中尋找答案。爲了突破藉口，開始尋找像我一樣一無所有，卻取得卓越成就的人。

仔細觀察那些並非出生富貴卻成功致富的人、非名校畢業卻很出色的人、不是專家卻取得成果的人，他們的事例就是你今後要尋找的「變異」，也就是說，變異是「與我有類似背景的人，其所創造的壓倒性成果」。找到變異，信心就會大增。

「他做到了？

那麼不就是說我也可以做到嗎？」

我的界限，造就了我的特質。

本能冒出來的藉口，會帶給你很大的提示。如果再怎麼想都沒有界限或藉口的人，反而在尋找變異這個階段會有困難。因爲無法確定尋找變異需要的範圍，所以會變成要做很多事。剛開始太多的選擇，也會成爲讓你什麼也做不了的原因。

你也會像以前的我一樣找藉口嗎？那麼你現在要做的事情很明確，就是從這個藉口中尋找變異，即使有局限性，只要尋找成功的事例就可以了。

超常規第一階段定律

發現變異之處。

說明

尋找與我處境相似的人，其所創造的意外壓倒性成果。

找到變異後，要做的工作很簡單。變異與其他個體有什麼不同？開始「尋找不同的藍圖」，只要找出使該變異個體，比其他個體取得更卓越成果的因素即可。通常，我會用三個平凡的案例與一個可以變異的特殊事例進行比較。以這種方式比較，變異的特殊之處就會變得清晰。

每個領域製造變異的因素都不一樣。我在網路商店、租賃攝影棚、房地產投資、YouTube等各領域遇到了變異，爲了從中學習，我盡了最大的努力，將總是從心裡湧出的藉口，改爲「開始思考的出發點」，爲快速成長奠定了基礎。

①租賃攝影棚

（藉口）「我們的攝影棚空間小，不適合大型宣傳的拍攝。」

↓尋找在狹窄的空間裡拍攝的知名雜誌，發掘他們的特色。

②網路商店

（藉口）「我沒有創意，所以無法製作出暢銷商品。」

↓找找那些也沒什麼特別創意，卻賣得很好的商品，從中發掘特色。

③ YouTube

（藉口）「訂閱者沒有增加，不想再拍影片了。」

→ 找找有哪些訂閱數也不多，但是點擊率卻很高的影片，從中發掘特色。

④ **房地產投資**

（藉口）「現在兩三百萬元買不到什麼房子，搶不過別人啦。」

→ 找找有沒有人以少少的資金起步，卻取得豐厚成果，發掘他們的特點。

在了解如同上述導致變異的因素之後，就會發現問題變得很簡單，只要建立能夠反覆製造變異的系統即可。如果不能重複，就不算成功。不僅是我，其他人也可以重複變異，這樣眞正的系統才算完成。也就是說，如果我告訴你如何在某個領域產生變異，那麼你也應該可以取得類似的成果。例如我在網路上透過名爲《創業電子雞》的 YouTube 系列，證明了自己取得的成果，其他人也可以做到。在租賃攝影棚，透過員工教育傳授方法，就算我不在，也能繼續吸引顧客。這就是複製變異，不斷取得成果的方法。

爲什麼複製變異的過程如此重要？因爲「常態」在進入新領域時，大部分都處於「資訊不對稱」的狀態。也就是說，處於起步階段的「常態」，和領先的競爭者擁有的資訊量有很大的差異，幾乎一〇〇%對我們這些平凡人不利。這種訊息不對稱的市場稱爲「檸檬市場」*，在檸檬市場的最高戰略是「先採取與競爭者相同的戰略」。

就以最有代表性的「二手車市場」爲例，如果我是想購買二手車的消費者，與二手車經銷商相比，我擁有的資訊遠遠不足，因此必然會處於不利的位置。如此一來，要買到好的二手車的方法只有一個，就是買二手車經銷商自己也想買的車。只要有辦法取得這個情報，沒有比這更好的辦法了。

幸運的是，在任何領域、任何情況下，只要稍加注意，就能充分發現變異的存在。

*〈檸檬市場：品質不確定性和市場機制〉是美國經濟學家喬治·阿克洛夫在一九七〇年發表的一篇論文。意指在資訊不對稱下，因爲市場中的價格過低，價格機制將驅使擁有好貨的賣方離開市場，形成逆選擇。最終造成市場中充滿劣質品，使市場崩潰。

朱彥奎製作人，你到底是怎麼成功的？

我曾經營過擁有一百八十三萬訂閱者的 YouTube 頻道《申師任堂》。二〇二二年，我將該頻道出售給了專業投資出身的其他 YouTuber，後來，每次接受採訪時都會有人問道：

「你是怎麼成功的？」

對於月薪四萬的上班族，如何能有今天的成果，我想在這裡統一回答。**成功最關鍵的原因就是發現「變異」**。

這是我在經營《申師任堂》頻道，訂閱人數剛超過二十萬人時發生的事。當時頻道的成長比我想像中還快，親身經歷收入增加的過程，讓我有點興奮。但是不知從何時起，我開始有一種已經到了極限的感覺。訂閱者人數不再增加，影片的點擊率也比之前明顯下滑。在 YouTube 的世界裡，沒有比這更危險的訊號了。我透過分析，尋找解決問題的方法。

有一天，在市場調查時，進入一個訂閱人數二千多人的頻道，但是該頻道的影片中，居然有點擊率超過「三十萬」次的影片，讓我不得不感到驚訝。在訂閱人數達二十萬的我的頻道上，根本沒看過這種點擊率。

「到底是什麼影片，竟然有這麼多人看？」

不一會兒，我陷入了更大的衝擊，因爲該頻道唯一一個點擊率達到三十萬次的影片題目是：「比任何人都快賺到二十五萬的方法」，這與讓我的《申師任堂》頻道發展壯大的主題「一模一樣」。《申師任堂》初期，我上傳了這個主題的影片，獲得相當多的訂閱者和點擊率（現在那個影片的點擊率已超過一百九十萬次了）。但是利用同樣的主題，有人再次成功提高了點擊率！那個頻道的影片和我的影片內容相似，也不是特別好，但只憑模仿題目就能取得和我一樣的成果，這件事令我十分意外。

我寄了封信給該頻道的經營者，問他爲什麼要模仿我的想法，對方當然沒有回覆。其實他有沒有回覆並不重要，因爲我了解到「影片主題的力量」在YouTube非常重要，關係到影片是否成功。在我的頻道上取得爆發性成果的這個主題，卻在訂閱人數比我還少的頻道上也適用。意識到這一點後，完全沒有理由不感嘆非百萬訂閱頻道也有這樣的成果，正因爲該頻道主也意識到，只要找到點擊率已經得到驗證、絕大多數人會看的素材，並適當地下標題，不只是影片點擊率，連頻道也可以迅速成長。這是我在YouTube上找到的第一個變異。

搭著《申師任堂》順風車的那個頻道，無異於是在不知不覺中適用了「超常規第一階段定律」，也就是模仿了與自己頻道相似的《申師任堂》成功祕訣。只要像這樣找出變異並正確應用，任何人都能取得一定的成果。

不要錯過日常中的變異

在人生中，又該如何運用超常規第一階段定律呢？雖然找到了「變異」，但如果不知道應該從哪裡開始，請仔細看看以下的例子。

【例一】**決定以「美食Instagram」為副業的尹貞**

尹貞從幾天前開始經營美食Instagram專頁。美食Instagram就是把食物拍得美美的、很好吃的樣子，然後上傳。如果追蹤的粉絲數增加，還可以有額外的收益，而且很容易得到餐廳店家的贊助，這對於本來就喜歡吃的尹貞來說，是非常適合的副業。

尹貞很快申請了粉絲專頁，並開始拍食物上傳。雖然她很努力，但結果卻很慘淡。上傳的每張照片中按「喜歡」的只有十幾個，而且留言大多是借版面打廣告的。因爲反應不好，原本喜歡美食的尹貞現在去餐廳也開心不起來，開始懷疑自己拍這些照片到底是爲了什麼。就這樣，尹貞的美食 Instagram 副業漸漸不了了之。

若尹貞想改變應該做什麼呢？去找更好吃的美食？還是拍更多照片，寫更多感想呢？這些都很重要，只是順序錯了。

尹貞應該在想放棄的藉口中發現提示，然後找出「變異」，也就是說，她必須先了解自己的內心。她的心中想著：「現在 Instagram 已經飽和，都成爲紅海了，這時候才想來開粉專是不可能成功的。」當她腦中浮現這種想法的那一瞬間，無異是得到了最好的提示。尹貞現在需要做的，就是找到與她相似的 Instagram 專頁，也就是才剛加入不久卻「快速成長」的粉專，好好研究對方的戰略。

「我的專頁和這個人的到底有什麼不同？我應該先看什麼地方呢？」

如果一直都只羨慕他人的成功，那麼現在就要用完全不同的角度來看待變異。這時必須先分解該 Instagram 專頁中變異的要素，並找出是什麼差異導致該粉專可以取得了壓倒性的成長。因爲剛起步的新手很難在短時間內研究出變異，找出成功的祕密，常常會不知道該從哪裡下手，從哪裡改善成功的機率較高。那麼就先把所有要素都羅列下來吧。建議一開始不要判斷孰輕孰重，不要選擇性觀察，總之盡可能地把所有要素都列下來研究，再找出與自己的狀況最接近的，我們以第六十七頁的 Instagram 爲例。

圖一是一般人看 Instagram 專頁的畫面，圖二是爲了學習而觀察的畫面。如果要從變異中學習，則必須像圖二那樣，將所有因素分開，懷疑、觸摸和仔細觀察。在 Instagram 介面上的所有要素都編號，逐一仔細觀察。只要在各要素貼上數字，就能明白現在該做什麼。

「一定要做到這種程度嗎？要一個一個分開看，會花很多時間，有點麻煩……」

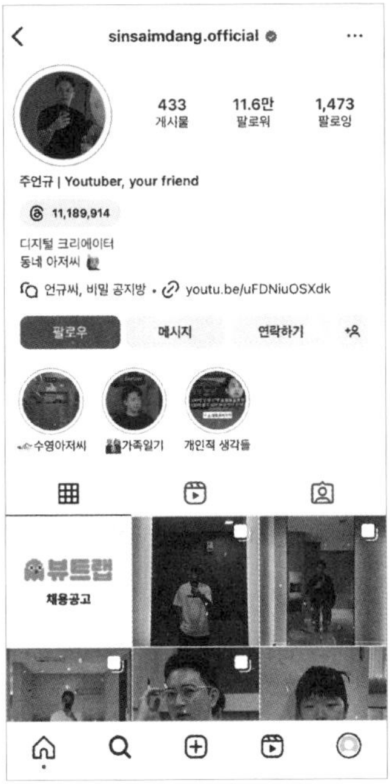

圖一

圖二

或許你會有這樣的疑問，我也可以理解。事實上，我所描述的方式與我們（包括正規教育課程）至今爲止一般「學習」的方式非常不同，你可能會感到驚訝。以學校教育爲例，即使只是學習加法，也要先充分理解原理，在一定的學習目標下了解概念、熟悉例題後，再解答練習題。先做比較簡單的習題，再進入到更難的問題，最後解決高層次的應用問題，將概念在腦海中具體化。

但是成年的你不能再用這種方式解決問題。最重要的是，像我們這樣重新成長的平凡人，沒有人會仔細一一傳授成功的原理給我們。不懂原理，甚至連怎麼開始也不知道，所以經常受挫。這時採用將變異要素分開檢查的方式，會有很大的幫助。透過這個過程，可以改善想製作的商品或服務中的各個要素，進而大幅改善整體品質。

重新回到美食Instagram的例子。假設在變異的美食Instagram上，查看標示3位置的貼文數，假設上傳了一百則貼文，而第一則貼文上傳已經五十天左右。那麼現在想加入美食Instagram的我，每天至少要上傳兩則貼文的速度，設定「經營一百天」的基本目標。透過這種方式找到變異並逐一進行比較，尋找可以改善的地方，以及與現在的我有著相同（相似）的缺點或局限性，這樣就有機會領先。再次強調，如果不知道該從哪裡著手，就模仿想要挑戰的領域的變異，練習提高成功的機率。

好，下面我們再來看另一個例子。

【例二】剛開設房地產YouTube頻道的新手多利

多利剛剛開設了以「房地產」爲主題的YouTube頻道。因爲原本就喜歡看房地產相關內容的影片，他先上傳了兩段自己經常瀏覽「訂閱制」的相關影片，但點擊率卻始終未能超過兩位數。相反地，與多利上傳相同主題影片、其他訂閱數達到五十萬、一百萬的大型頻道，影片點擊率卻直線上升。這下子給了多利藉口。

「YouTube早已經被很多頻道搶先占領了。」

感受到訂閱數力量的多利，因遲遲沒有成果的努力而疲憊不堪。

但是，如果把多利的選擇以超常規的方式思考，會是什麼結果呢？把心裡想到的藉口當作提示，尋找「儘管如此還是成功的事例」，寫下根據超常規方式預測的劇本。

首先，多利剛開始是以尋找眾多房地產相關頻道的心態，仔細看遍了相關的YouTube。不要忘了，所有成功的大頻道都是由小頻道開始，特別是找找有沒有能夠順利解決我所面臨的問題的小頻道。

但這回，多利也遇到了困難。初期順利成長的頻道大部分都是「房地產專家」的頻道。沒關係，在找到非房地產專家創建並成長的頻道之前，只要有耐心不放棄就可以了。題外話，之前一起共事過的一位製作人，爲了擺脫《申師任堂》頻道的低潮，每天搜尋觀看四百多個房地產頻道。

多利分析了很多類似主題的頻道，終於找到可以參考的頻道。在訂閱者不到五千人的小頻道中，發現了點擊率非常高的影片，他分析了該影片的製作方式。那個影片的主題是《盆唐地區價格暴跌的公寓Top 10》，頻道主每週都會親自到各地實地考察，這就是多利需要嘗試的「變異」。*

「同樣是新手創建的頻道，爲什麼這個影片的點擊率會這麼高？現在大家對盆唐區房市很感興趣嗎？我可以做得比這個頻道更好嗎？」

現在多利應該從哪裡下手，已經很清楚了。他了解到很多人對「盆唐地區房價暴跌公寓」這個主題感興趣，所以他只要朝製作類似主題的影片這個方向準備就行了。這時候有件事一定要記住，「盆唐區公寓」已被炒熱，不僅是影像，產品及服務也是如此。在找出變異之後，如果產品及內容已經被許多人熟知和利用，那麼消費者對下一個影片的期待值也會提高，必須下定決心能超越其他人，才能成功進入相關市場。

因此，從尋找變異開始，就應該抱著「一定要超越變異」的心態。只有製作出更有趣、更有益、更吸引人的影片才能有持續、爆發性的成長。不過諷刺的是，模仿戰略的關鍵是「差異化」。

如果能如此自然地發現變異，解決方案就很容易拿到手了。

步驟一：尋找變異

（藉口）像我這種訂閱者少得可憐的頻道……

（成果）利用盆唐區、房價暴跌等關鍵詞提高點擊率。

（意見）現在人們好像對盆唐區很感興趣。

＊在這樣透過變異進行突破的階段，很多人也會感到挫折，承受著「今後要繼續艱難地尋找變異」的壓力。但是完成一次初期的工作後，後續就是單純重複的工作。希望大家能想到一切都是爲了日後不受苦，前期辛苦一點沒關係。爲了構建單純的重複業務，也就是「自動程序」，首先要進行「分解」，對此將在超常規法則的第二階段進行說明。

步驟二：要模仿什麼？

訂閱人數少，而且頻道主似乎也不是相關領域的專家，那麼核心就是主題。我也要製作類似主題的影片！

步驟三：如何做出不同的東西

但是這個影片只是隨機調查了幾個價格急劇下降的公寓，所以有很多還不足的地方。我要找個眞正了解該地區公寓買賣市場的專家實地探訪，或者也可以到當地找房屋仲介公司，聽聽當地的聲音。既然都要調查，我就要比其他影片多跑十五個不同地點。

進一步可以嘗試納入盆唐地區以外，人們更感興趣的其他地區。可以將範圍擴大到一、人口數更多、更值得關注的地區（例如：京畿道）；二、價格較高、更多人想擁有的地區（例如：首爾市江南區）；三、價格相對低廉、購買機率比較高的地區（例如：仁川廣域市）。

這樣模仿變異，關鍵是要擴大想法，製作優質的內容。例如可以分割「盆唐區價格下降的公寓」這一簡單主題的各要素，擴大思考範圍。將「盆唐」延伸至

「京畿道」「首爾市江南區」「仁川廣域市」；將「公寓」這一建築分類擴展到「住辦大樓」「華廈」等。作爲變異的內容是調查了十間公寓，那麼在我製作的影片中就可以看到十五個以上的物件。若能調查更多，當然觀眾就會更有興趣，點擊率也會更高。

找到變異後，就沒有理由嘆息自己做得不好，那完全是浪費時間，因爲接下來要做的事才是最重要的。

天才不需要做尋找變異的繁瑣工作，即使只是「憑感覺」，成功的人就是會成功。但我們不需要羨慕天才，再怎麼有天賦的人，當他的靈感和才能耗盡的那一刻起，可能會迷失方向。因爲從一開始就是「順順地」獲得，所以也沒有什麼可以教給他人，只能祈禱自己的靈感不會消失，所擁有的才能可以繼續受到很多人的喜愛。特別是天才們隨著時間流逝，可能無法忍受成爲「卓越的普通人」的自己，而陷入深深的低潮。

我們從常態中成爲「優秀的普通人」，具備了不需要經歷這種情況的優勢。要成爲優秀的普通人，不需要到處尋找靈感和才能。如果你像我一樣是個普通人，沒有特殊能力和無限資源，那麼「尋找變異」的策略就非常有效。

成功變異的條件

一、找到與我相似的條件。
二、投入可以持續的要素。
三、取得意外壓倒性的成果。

成功的鑰匙，從理解「突然變異」開始

只有滿足上列的三個條件，才是像我們這樣的普通人可以模仿的「變異」。

首先，必須取得「與我相似條件」的成果。任誰都看得出來，天才取得的成果，很難作爲參考。假設有個人第一次接觸足球，就能做到足球天才羅納迪諾的絕技「Flip Flap」，那他的足球實力會如何呢？在某個領域已經具備無人能及的實力和知名度的人，他的基準點已經比平均值高了，那不是我們要尋找的變異。

其次，「投入可以持續的要素」這一點也很重要。因爲現實生活中，像我們這樣的普通人不可能學習需要花費很多錢的事，無法投入像「三星電子」那樣多的資源來取得相應的成果！

最後，儘管條件不足，但如果不是一般的結果，而是「取得意外壓倒性成果」的事，一定要關注。

生活中，各自的人生中偶爾也會出現變異。把沒什麼的照片或影片上傳到社群網站，卻得到爆發性的按「讚」數，或是花費與平時差不多的費用，卻取得物超所値的巨大成果。或許看到人生中突然取得的優秀成果後，會覺得「這次只是運氣好而已，這個成功能持續多久？」爲了持續成功，未能進入整理程序的階段，只以一次幸運結束的情況令人惋惜。

還有一種比上述更頻繁遭遇的情況。目睹了和我相似的人在某個瞬間耀眼地成長。當你突然發現一個和你程度相當的人，突然往上衝時，你會怎麼做呢？有沒有因爲「那個人做到了，但我絕對做不到」的想法而受挫？或者否定他人成功的想法悄悄地浮現？見不得別人好，嫉妒湧上心頭，從某種角度來看也是人之常情。但是爲了更大的成長，要有學習他人成功方法的謙虛心態。選擇否定他人成功的瞬間，就等於拋棄了非常難得的學習機會。**我們要向敵人學習，如果對方擁有變異的話。**

當發現變異有困難時，我會試圖從選項中刪除猜忌和嫉妒等情緒。因爲在和我相似的情況下也能取得壓倒性成功的人，絕對存在於這個廣闊世界的某個地方，而我已經領悟到了從他們那裡學習後，可以更上一層樓的事實。有人在與我相似的環境中投入相似的資源而成功，那我爲什麼做不到？即使處在同樣的情況，有些人會舉起雙手揮白旗說：「因爲是他們才能做到，我做不到。」有些人則說：「如果他們做到了，那我也能做到。」而拒絕放棄。當然，後者成功的可能性更大，這也是在營運《申師任堂》頻道期間，採訪許多致富的人時所得到不爭的事實。

我在經營租賃攝影棚時期，一號攝影棚所在的麻浦區，正開始進駐許多相關公司。當時我懇切地希望那些競爭者可以「放棄」，打從心底希望他們自己離開。但是，我怎麼能那樣做呢？那時我終於明白放棄是只有當事人才能做的「選擇領域」，就算我再重來一次，也無法讓競爭公司放棄，我可以做的是始終「不選擇放棄」。

意志薄弱的我，從那時起就沒有放棄過尋找變異。如果我的眼睛捕捉到機會（變異），就抓住它，絕對不放手，狠狠地分解開來，製造提問的機會，拋棄了游移不定的態度，眼下能做的立即實踐。這是一點都不特別的我，爲了在社會中取得成功而選擇的生存策略。

找到了變異，就要緊咬住不放

第一階段的核心概念，不能只有「模仿別人」而已。抄襲他人所有想法必然引起法律、倫理問題，這是必須避免的。另外，盲目的抄襲、單純的模仿不可能得到消費者的青睞。

二〇二三年初，我沒有意識到這一點就製作了影片，引起軒然大波。當時我還沒有想到在教別人時，應該指出「有可能造成問題的部分」，我在YouTube上公開稱讚了線上授課中表現優異的學生，沒想到引起了巨大的蝴蝶效應。因爲該影片中，他原封不動地抄襲他人的作品。這個事件迫使我中斷了每月帶來數千萬利潤的服務，最終放棄了事業。因爲發不出薪水，只能結束一切，我自己也受到了很大的打擊。所以我懇切地希望以我作爲反面教材，大家不要犯同樣的錯誤。

這不僅在倫理上是個大問題，從實際利益的觀點來看，也是自掘墳墓。例如，假設A公司推出了單身獨居者專用的小型SUV車，銷量大增。隨後，競爭企業B公司也推出大小非常相似、設計一模一樣的汽車，能否得到爆發性的銷售量呢？消費者不是傻瓜。如果A公司的車子具備「單身獨居者對SUV的需求」，那麼B公司就應該添加其他更出色的功能和設計，加上獨家的配備來吸引消費者。也就是應該把焦點放在「差異化」過程。如果製造了變異而成功，卻不分析「爲什麼成功」，就會錯過機會，奇蹟般的成果很難再現。想想只出版一本暢銷書的作家和只紅過一首歌的歌手吧，若他們沒有對自己突然一砲而紅的成功事例進行徹底的分析，一切都可能只是曇花一現，沒有人會想要一閃而逝的成功。只有靠模仿無法實現持續、爆發性的增長。制式的模仿誰都會，因爲這個世界不缺眼光精準、執行力強的人。當一個變異出現時，到處都會出現模仿的嘗試。最初的新鮮衝擊不知不覺間消失，市場很快就會變成紅海。在這像戰爭一樣的世界裡，誰能活下來呢？經過研究，創造出最好成果的人、實現任何人都無法輕易超越的「差異化」的人，才能維持長時間無人能超越的成果。

我在經營網路商城的過程中，深切體會到這個眞理。例如，某個賣家推出名爲「維也納咖啡杯」的商品曾大賣，原本不是很知名的公司，但商品冠上維也納咖啡就會暢銷。我觀察判斷這是變異，因爲只是在一般普通的玻璃杯貼上了「維也納咖啡」這個特定的名稱，就比馬克杯和其他咖啡杯賣得更好。

其中就隱藏了消費者的欲望。現在人們不僅僅是單純地想要「咖啡杯」，而是想要可以裝入自己喜歡的特定咖啡，如「維也納咖啡」「小白咖啡」「濃縮咖啡」的杯子。那麼，如果推出「小白咖啡杯」「濃縮咖啡杯」等商品，會不會也賣得很好呢？想到這兒，我不再遲疑，立即設計製造冠上那些特別名字的商品，加上刺激購買者感性的視覺宣傳，結果大獲成功。因爲迅速分析行動，我的網路商店才能在同類型商品中占有一席之地。

但很快地銷售量就降了下來，問題在於我的跟風並沒有抓住差異化，老實說，我不知道維也納咖啡或小白咖啡的特色，也就是說，我沒有正確理解爲什麼消費者非要購買以特定咖啡命名的杯子。如果當時更進一步研究，就應該能發現適合裝小白咖啡和濃縮咖啡的杯子之間的差異，推出精準抓住咖啡愛好者心理的差異化商品。所以，如果研究變異後不只是單純模仿，還能找出差異化區隔，那麼就能更長久地維持出色的成果。

爲了實現可持續的成功，應該超越模仿，實現差異化，單純的抄襲絕對不能持續得到想要的結果。再強調一次，世界上有很多眼光精準、執行力強的人。

獻給想要創造出世界上獨一無二服務的你

除了YouTube之外，還有很多人在Instagram上私訊我，表示想諮詢未來。每當看到那些充滿懇切口吻的訊息，我就會想起以前在租賃攝影棚那幾乎快崩潰、沒有人看見我的茫然。所以我都會盡力幫助他們，有的實際見過面，也經常在YouTube上談論他們提出的問題。有一位準備創業的人問我：

「我很想創設一個沒有人做過的服務，絕對是劃時代的創舉，會順利嗎？您覺得有潛力嗎？」

事實上，我不是一個什麼了不起的經理人或企業家，也不是算命師，所以無法準確地回答這個問題。我不會預測事業是否會成功，但我會這樣回答：

「只要努力，就會有好的結果。但如果是目前爲止都從未有人提出的差異化服務，反而可能會很危險。必須先研究推出後會不會只因爲新鮮而曇花一現，或是市場上是否眞的存在確實需要這種服務的有效客戶。」

很多人認爲「差異化」是事業成功的最重要因素。當然，正如之前在我的網路商店中的例子，差異化是事業成功必須的要素，但是順序錯了。對於我們這種平凡的普通人來說，「模仿」是首要的，而「差異化」是其次。

假設市場是一片廣闊的湖，我是捕魚的人，必須確保裡頭有許多魚，也就是顧客，接著要找到可以捕獲最多魚的方法。這時要給魚吃什麼呢？如果是史無前例、獨一無二的誘餌，成功機率會比較高嗎？如果是我，與其冒險投入，我會先問旁邊釣魚的人用什麼餌，是玉米、小魚，還是蝦。

只有了解湖裡的魚喜歡吃什麼，我才有競爭力。然後我會認眞思考如何讓魚兒來到我這邊，之所以這樣做，是因爲站在魚的立場上，很有可能不會輕易咬住生平第一次見到的食物。當我們對新事物感到沒有必要、危險或不舒服時會遲疑，甚至拒絕。因此，從顧客的立場上看，選擇所需要的「轉換成本」很大。

我們必須站在「消費者的立場」，而不是生產者的立場上考慮差異化。想一想，如果你是顧客，以下你會選擇哪一個？

一、由韓國科學技術院（KAIST）出身的ＩＴ人才共同製作，具有強大功能的全新通訊軟體。

二、KakaoTalk*。

雖然選項一的全新軟體具有高度差異化，但如果現在要人們從兩者擇一，我認爲選擇選項二、大家已熟悉的軟體的機率更高。因爲從消費者的立場來看，要他們從現在使用中的物品或服務，換成新的物品或服務的轉換費用較高，也就是要重新熟悉或習慣新產品。實際上，KakaoTalk與最大競爭者Line的客層重疊，較晚推出的Line，界面與KakaoTalk沒有太大區別，因此進入市場後，對消費者來說轉換的成本不會太高，而順利占有一席之地。想成爲後起之秀，若產生高額的轉換費用對本身並沒有好處。

面對Line的襲擊，通訊軟體的強者KakaoTalk應該怎麼做呢？除了加強表情符號等附加功能外，還要提供壓倒性的革新功能，進一步提高差異化。從KakaoTalk的立場來看，就要採取捆綁住消費者，讓用戶無法輕易「變節」使用其他軟體，也就是提高消費者「轉換費用」的策略。

由此看來，要使用一個新的服務或產品，消費者不得不考慮轉換費用。以二〇二三年七月新推出的社群網站平臺「Threads」爲例。這是Meta（原Facebook）野心勃勃推出，想與X（原Twitter）對抗的Threads，瞬間吸引了用戶的目光。串流平臺Netflix，花了三年半創造百萬用戶，但Threads僅用一個小時就達成了。如何能在這麼短的時間內成長呢？雖然是新的社群網站平臺，但

＊韓國人使用率最高的通訊軟體。

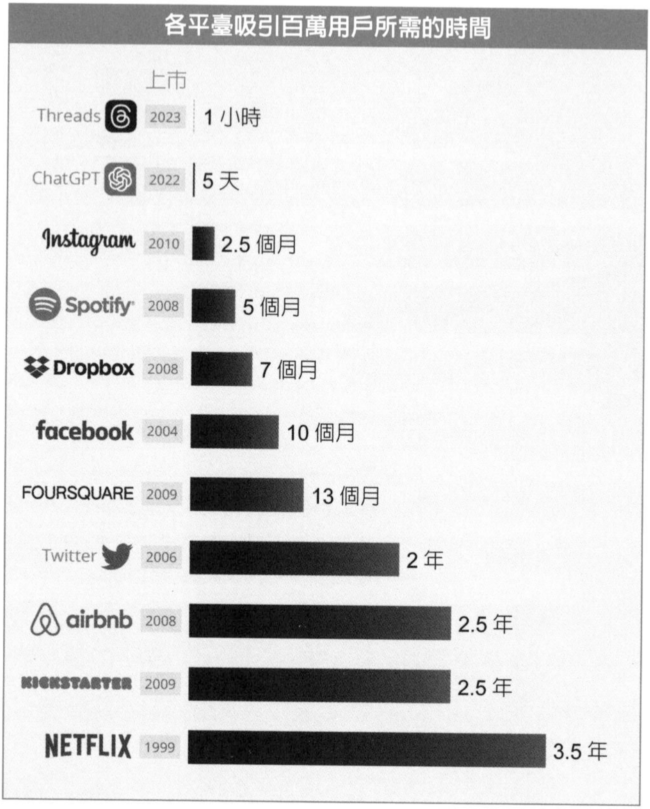
各平臺吸引百萬用戶所需的時間
上市
Threads 2023 1 小時
ChatGPT 2022 5 天
Instagram 2010 2.5 個月
Spotify 2008 5 個月
Dropbox 2008 7 個月
facebook 2004 10 個月
FOURSQUARE 2009 13 個月
Twitter 2006 2 年
airbnb 2008 2.5 年
KICKSTARTER 2009 2.5 年
NETFLIX 1999 3.5 年

資料來源：statista

是爲了能吸引同時使用Instagram的用戶，大幅降低了轉換費用，因此才有可能實現。首先，Threads擁有與Instagram幾乎相同的界面，而且可以直接連動用戶的其他人際網路。因此，二十億的Instagram用戶中，有一部分自然而然地流入Threads。反觀Netflix，是與現有影音平臺不同的服務，具高度差異，因此是藉著現有影音平臺的崩潰而擴大市場，所以相對需要更長的時間。

能站上冠軍寶座的人和挑戰者的戰略是不同的。你現在是冠軍嗎？還是剛進入市場的挑戰者？既然是挑戰者，就先降低轉換成本，進入大市場，然後考慮差異化。這就是超常規的策略。

如何在無情的大自然中生存下來

爲什麼對普通人來說「模仿」如此有效？在殘酷的資本主義中，競爭是理所當然的事，我們生活的自然界也是透過競爭進化的。要在許多生物生存的自然界中生活，必須快速適應環境，才能生存和繁殖。

因此，大自然中的個體「爲了生存」，會採取大量繁殖的策略。以果蠅爲例，生命週期很短的果蠅會產下很多後代。果蠅有心形腹眼、白色腹眼、棒形腹眼，牠們出生時具有彎曲的翅膀或短的翅膀，甚至有的沒有翅膀。可以說果蠅經過不同世代，誕生無數的變異體。但是其中大部分在現實中已經找不到了，因爲大部分變異體無法適應環境，被淘汰後消失。只有偶然進化到更適合環境時，變異體才會存活下來。「白化症」也一樣，爲什麼在日常生活中看不到因爲基因突變導致所有毛髮和皮膚變白、瞳孔變成粉紅色的動物呢？在大自然中具有如此顯眼的顏色，等於是在召喚捕食者，根本就難以生存。

在如此眾多的變異體中，成功的例子很少見。牠們的變異會與自然相結合，以利於生存，但如果不能實現繁殖和「進化」，一樣會被淘汰，大自然就是如此的殘忍。

為了製造人為的進化，需要尋找變異

那麼，在人類生活的世界，特別是充滿金錢利益的商業生態系統又是怎樣的呢？資本主義的冷酷不亞於自然生態。各個企業爭先恐後地利用各種策略展開激烈競爭，投入天文數字的資金聘請廣告代言人，以無法超越的技術開發產品，試圖領導市場。儘管如此，大部分的嘗試還是失敗的，眞正能長久生存的只有少數企業。在這不斷競爭的無情社會裡，你要如何生存？沒有能盡情揮霍的金錢、也沒有高超的技術能力，如何在商業世界裡賺得財富呢？

幸運的是，我們還有超常規策略。無數平凡人的嘗試，雖然通常只能創造出一般結果，但有時也會意外取得卓越的成果。只要關注這些變異，積極模仿，你我也可以有突出的成績。沒有翅膀的果蠅不知道自己爲什麼會被淘汰，而黑腹果蠅也不明白爲什麼可以存活。但是人類與果蠅不同，我們可以去研究，了解他人得以成功的原因，具有爲了生存而模仿的能力。在這無情的世界裡，如果你覺得自己像果蠅一樣，只是微小沒有力量的存在，就要找出周圍的變異，不斷詢問：

「這個爲什麼會成功？

我要怎樣才能跟他一樣？

照他的方法做能持續成功嗎？

如何才能創造出任何人都無法輕易超越的差異化成果呢？」

透過這種方式，你就可以生存下來。在自然世界中，果蠅做不到的事情，你可以做到。好，爲了超越模仿的進化，現在是進入超常規法則第二階段的時候了。

跟隨前行者的成功路線

處於訊息不對稱狀態的人最適合的策略

你正處於「常態」中嗎？再強調一遍，擁有上億資產的富翁，或有特殊才能的天才，沒有看本書的必要。我在研究YouTube的時候，發現在這個領域也有天才。例如擁有四十萬訂閱者趙瀠熙的《No-Jambot》，他是名符其實的「臉蛋天才」，憑著天生佼好的容貌，只是將學習的模樣拍成影片上傳，就掀起熱烈討論，短短時間內抓住了四十萬人的心。我辦不到，因爲我長得既不帥、口才也不好，更不是什麼特殊領域的專家。當然，在開始創建YouTube頻道初期，曾經失敗過好幾次，直到透過模仿變異以及差異化，最後以《申師任堂》頻道獲得成功。

對於普通的你，這個策略也會帶來非常有效的成果。不管現在正在嘗試什麼，或許你在那個領域很有可能是「菜鳥」（更殘忍一點或許是倒數第一）。新手初學者最大的弱點，就是處於資訊不對稱狀態，也就是對該領域市場幾乎一無所知。這時最佳的選擇，是找出在那個領域走在前面、已成功者的祕訣，並按照他的路線前進。平時我們不也是爲了更快領會高手的做法而邊聽邊學嗎？從變異中學習也是同樣的道理。

現在不嘗試就會失去更多

「實際施行眞的很困難。我似乎沒有那種能力、沒有錢、沒有時間！」

都已經談到這裡了，不知爲何還會聽到這樣的苦惱，但這是連嘗試都沒試，就想放棄的人才會說的話。我在擔任 YouTube 講師時，遇到了很多說同樣話的人，他們雖然也想透過 YouTube 賺錢，卻又不敢。自己想做的領域已經有百萬、兩百萬訂閱的頻道了，現在才開始做得起來嗎？甚至還有人說根本不知道如何開設頻道和上傳影片，這樣能做什麼？放棄的理由每天都在增加。

讓我們換個想法吧。現在開始的你，在YouTube的世界裡是「倒數第一」，所以就更可以放輕鬆。因爲位居第一的人要守住那個位置總是很不安，爲了甩掉想模仿自己的無數人，得常常革新。第一名不能落後，所以每一步都很沉重，就連想做一些新嘗試也會有很大的壓力。但是你已經是倒數第一了，反而可以自由自在，什麼都可以嘗試。因爲是最後一名，所以沒有什麼可失去的。

倒數第一的你如果不嘗試，肯定會吃虧。我曾經參加過電視實境節目《時光旅店》，節目中每一個關卡的嘗試，都可以讓我失去時間或累積時間。如果是那樣的世界，就應該更積極思考我的嘗試會帶來什麼樣的結果，因爲處理不好就會失去時間。但是我們的人生和遊戲不同，今天無所事事的時間絕對無法累積到明天。也就是說，今天沒用到的時間將會全部消失，那麼如果今天什麼都不嘗試，不就吃大虧了嗎？

我們需要做的是改變感到恐懼的來源。因爲害怕失敗、害怕白白浪費時間，所以不敢嘗試的說法是錯誤的。眞正應該恐懼的，是什麼都不嘗試就讓一天過去。

運氣好而成功的人，
誤以為自己的財富來自於實力。

——納西姆．尼可拉斯．塔雷伯
《反脆弱》《黑天鵝效應》作者

第二階段
分割運氣和實力

我相信缺乏創造力的人也能成爲超常規者，即使沒有特別的才能，任何人都可以每月多賺三萬元左右，超常規的人生就是這樣開始的。有些書會說，只要想像成功的樣子並申明，就能實現夢想。遺憾的是，那些書沒有告訴你「實際上應該如何計畫和實行」，因此經常聽起來是空洞的口號。

「做什麼？從哪裡開始？怎麼做？」

我也不止一次曾因爲不知從哪裡開始而絞盡腦汁，而此時此刻，我想向現在跟以前的我一樣苦惱的人，詳細說明具體實行的過程。沒有本事，意志薄弱也沒關係，只要按照本書的階段認眞學習就能成功，這就是「沉浸式自我開發書」。

前面我已先說明「跟著前人的腳步，成功機率就會提高」的變異概念，我也多次向公司員工和 YouTube 講座的學員強調這個概念。

但是有些人看完超常規法則第一階段後也付諸實踐了，卻沒有效果。

「不行！我照著您說的找出變異，也跟著做了，但是卻沒有成果！」

上過我 YouTube 講座的學員，雖然上傳了許多依照超常規法則第一階段拍出來的影片，但訂閱者並沒有增加，於是有些人就想放棄了。問題到底出在哪裡？

接下來的超常規法則第二階段「分割」，就是對上述問題的解答。具體內容包括發現變異後，計畫實施的過程和方法。對於那些試圖依照第一階段努力模仿變異但遇到障礙的人，我相信只要能應用這個定律，就能大大提高成功率。

超常規第二階段定律

分割運氣和實力。

說明

第一：整理工作的全部過程。
第二：區分取決於「運氣」和「實力」的部分。

當然，模仿變異並非總是能獲得成功的結果。我經常對那些為此鬱悶的人說：「你無法立即取得成功是理所當然的。」這不是隨便說說而已，因為透過之前的多次嘗試，我已經知道所有事情的成敗，主要是由兩個因素造成，就是「實力」和上天賜予的「運氣」。假設你創建一個YouTube頻道並上傳了影片，內容很好，但是有可能因為運氣不好沒有什麼曝光的機會而失敗；相反地，內容馬馬虎虎，但卻由於運氣好，點擊率可能一飛衝天。

很多事情的成敗，是由運氣和實力這兩個因素綜合的結果。儘管如此，平時我們對某件事的結果會簡單用「運氣不好」或「實力不足」來總結，甚至還有人說運氣也是實力。如果在沒有深入分析的情況下，輕易地做出兩者之一的結論，也許心裡會舒服一點，但不會有更大的發展。

投資戰略家麥可・莫布新在他的著作《長勝》中這樣說道：

「透過多種方式結合的運氣和實力，實際上決定了我們的人生。儘管如此，人們還是分不清運氣和實力。」

我從他的著作中得到了第二階段「分割」的靈感，並開始將其應用到我的事業中。了解運氣和實力到底如何結合而製造出結果，並制定對策。第二階段（爲了模仿變異）從整理工作的所有過程開始，然後分割成「運氣領域」和「實力領域」進行分析。複雜嗎？我想強調的是，這是資本主義社會將資金、時間和能源有效利用的階段。

舉個例子，這是一個完全把運氣和實力混淆的故事。這裡聚集了一群平凡的人正在研究樂透，他們相信樂透要中頭獎有一定的規律，所以花錢和時間來研究。研究樂透眞的就能中頭彩嗎？1/8,145,060的機率，眞的能靠研究得到嗎？不可能。因爲中樂透一〇〇％取決於運氣。總之他們花了冤枉錢、浪費了時間與資源。

明明是運氣，卻爲了培養實力而傾注努力是浪費時間。爲了減少對目標的愚蠢努力，我們要判斷自己的熱情、時間和金錢應該花在哪裡。「分割」，可以說是明智地讓努力用在值得取得成果的地方的準備過程。

運氣是賺來的，真是瞞天大謊

以下有兩位賺了一億的人，如果要投資，你會把錢交給誰？

- **恩秀**：月薪四萬元的上班族，因中樂透而獲得一億元獎金。
- **智允**：雖然曾經很窮，但是比任何人都積極思考成功的方法，透過創業發展創造一億營業額。

你會把錢交給誰？我相信交給智允成功的機率較高，因為恩秀的財富是靠運氣得到，而智允是靠實力取得。如果後面沒有出現更大的幸運，恩秀的下半輩子將一直都是平凡的上班族，但智允憑藉自己的韌性和實力，可以將事業推向更高峰。有實力的人或許運氣不好，即使失敗了好幾次，但還是會有很高的成功機率。

另一方面，如果把「運氣」誤認爲是「實力」，就會發生悲劇。電視時事節目中曾介紹買樂透上癮的故事，主角剛開始只是爲了好玩而嘗試，沒想到中了幾萬元。然而問題也開始了，從中獎之後，每天都花五千元以上購買彩券。但可惜的是，幸運之神再也沒有眷顧他，最終終日藉酒澆愁，過著窮困潦倒的生活。像這樣把偶爾的幸運誤認爲是「可以再次重複的實力」，只能得到悽慘的結果。那人錯把中獎的運氣當作買樂透的實力，浪費了鉅額資金（資源）。

事業也是一樣，在受到運氣影響較大的部分，一定要審慎觀察自己是不是誤把運氣當實力，於是盲目地投入鉅額資金，這就是要正確區分運氣和實力的原因。

天下沒有不摻雜「運氣」的事

整天待在家裡研究樂透的人，以及爲了買運動彩券而傾家蕩產的人，一看就知道很蠢。因爲他們誤以爲運氣是實力，把自己唯一的人生拋在腦後。但是也有很多與此相反的「假聰明人」，完全無視介入世間萬事的運氣。

當事業順流而上，開始走向成功的時候，最應該小心的是什麼？那就是「驕傲自滿」。如果與上班族時期相比，收入翻了兩三倍，突然存摺上的數字達到「數百萬元」，會突然感到肩膀上有沉重的壓力（我也曾經經歷過）。但越是這種情況，越不能失去謙虛的姿態。這不僅僅是因爲禮貌，意味著我的運氣可能比實力還要好，所以才成功了。千萬不能掉以輕心，只有不斷提升實力，才能維持成功。

另一方面，把運氣誤以爲是實力的人不只會變得驕傲，也可能會變得意志消沉。和我一起工作的編輯，承受著無論如何都要讓負責的書暢銷的壓力，如果本書不成功，他將非常痛苦。我問他什麼樣的書最暢銷。

「大致上有四個條件。第一，作者必須是很有影響力的人；第二，要具備能夠廣泛宣傳書籍的行銷；第三，書本身的內容要好；第四，運氣要好，暢銷書一定要有運氣。」

「那你能控制的是什麼？」

「我可以負責市場行銷及掌握書的品質。」

「但是你爲什麼認爲所有一切，都是自己的責任呢？」

說實話，公司喜歡這種類型的員工。把運氣當作實力，凡事都說「全部由我來負責」的員工，公司沒有理由拒絕職員這種熱情。相對地，沒有人希望擁有會說以下這些話的員工。

「我把現在工作的所有過程分割爲運氣和實力。這個部分是運氣，所以我沒辦法；這個部分靠實力，所以我就盡力嘗試。即使失敗了不是我的錯，成功了也不是我的功勞。」

這樣的員工有哪個老闆會喜歡呢？但是，如果正在看本書的你是上班族，我想告訴你，不要再受公司「煤氣燈效應」*的影響了，失敗並不全怪你。公司生存眞的不容易，就算你沒有做錯事，但如果沒做出成績，業績未達標，就會遭受不好的評價。如果運氣不好，連續失敗多次，公司就不會讓你承擔重要任務，就更難做出成績了。我經常說：「職場生涯不像做生意那麼容易。」正是因爲這個原因。

在公司的許多業務中，組織成員相信是靠實力，但事實上有些取決於運氣，案子是否成功，根本就是看機率。但是公司必須區分責任，因爲這關係到內部考績和升遷。因此，有人把因運氣而發生的失敗導向責任，把因運氣而發生的成功導向功勞。所以在公司裡人際關係很重要，因爲在大部分公司內部的討論中，勝利通常是「站在同一邊的人」。

運氣也是實力，是世上最蠢的話

接下來談談未好好區分運氣和實力，那些橫行霸道上司的例子。明知再怎麼靈驗的護身符也賺不到運氣，卻有很多人用盡各種方式，讓自己擁有多一點「好

＊意指對一個人的心理操縱，通常會持續很長一段時間，導致受害者質疑自己的想法、現實和記憶。有心理學家將「煤氣燈效應」描述爲一種情感和心理虐待的形式。

運」。假設公司主管下達了這樣的指示：

「金先生，雖然現在頻道訂閱數只有一千人，但在今年之內努力達成百萬訂閱的目標吧。」

你認為金先生在一年內達成百萬訂閱的機率是多少呢？公司沒有規畫短期內提高頻道訂閱數的方法，即實力不足，卻只想依靠運氣，希望訂閱數能增加。這對金先生來說，是非常不合理的要求。

但實際上，企業經常會有這種形式的決策。上層單方面提出高得離譜的目標，卻不告訴屬下實行的具體方法，也沒有想過應該如何投入時間和金錢等資源來取得成果，甚至還會要求「盡量節省，用最少的成本取得最大成果」。最後結果顯而易見，員工無法達成目標，只能埋怨自己的實力，意志消沉。而公司則把過失都推到未能達成目標的員工身上，製造了不加薪、不升遷的藉口。所有這一切看似巧妙的合理，而員工也無法離開公司。實際上，這種做法的目標設定與以下這句話差不多。

「金先生，這次你研究一下中樂透的方法吧。」

在沒有策略的情況下，只設定高得搆不著的目標，這等於是想完全依靠「運氣」。在這樣的公司不可能有所成長，因此我會奉勸你最好辭職。但是還有更大的問題，有時候人也會像這種只制定目標的公司一樣，毫無規畫地濫用自己的資產，例如「十年內擁有一億的財產」「一年內頻道訂閱人數突破一百萬」等高不可攀的目標。這不是折磨自己嗎？不知道應該從哪裡下手，也未經過分析，眞的能實現目標嗎？

只期望「好運氣」可以降臨的人，我們在前述買樂透的例子中已經看到他的結局了。我並不想把寶貴的錢和時間押在運氣上，也不會天眞地認爲「我一定會成爲富翁」這種奇蹟會出現。

要想成爲超常規者，必須走相反的道路。與其盲目期待，不如掌握具體的實行策略，將過程清楚分割爲努力培養的「實力」，和依靠自己的力量無法實現的「運氣」，再決定如何投入有限的金錢和時間。

區分運氣和實力，就能看出當下該做的事

只要懇切地期盼就會實現目標的「吸引力法則」，曾一度非常流行，但是真的可以透過吸引什麼偶然的結果來克服機率嗎？善用吸引力法則的高手和我比賽擲硬幣，在兩人都非常渴望贏的情況下各擲五次，或許他勝出的機率真的會比較高。但是如果增加投擲的次數，這種現象就會逐漸消失。如果把擲硬幣的次數增加到一萬次，最終獲勝的機率會平均在五〇%。

現在讓我們用實例來真正了解分割的過程。學會分割運氣和實力之後，即使不運用吸引力法則，也能找到使事業成功的線索。首先從尋找變異開始，再把想模仿的程序從頭到尾整理一遍，按照時間序一一條列下來（如果很難列出，代表你還沒有準備好，那就再回到第一階段，先學會如何找出變異並模仿）。例如想開「二十四小時營業的無人咖啡館」，需要經過找尋合適地點、簽約、裝修、申請營業許可、宣傳、店鋪開張後再進行促銷宣傳等程序，盡量詳細地寫下來。以我的專業領域——經營 YouTube 頻道的程序來說明：

選擇主題→決定標題→設計縮圖→寫劇本→拍攝→剪輯→上傳→頻道成長

接下來的工作非常重要，把過程一個個區分爲運氣和實力兩個不同的領域。

和七歲的孩子比腕力，你可以故意輸嗎？我想即使要輸掉一百次也沒問題，因爲比腕力是與運氣好壞無關的絕對實力領域，而你的實力非常好。那麼擲骰子呢？這就無法知道了。擲骰子是徹底排除實力要素的「運氣」領域，因此即使對手是七歲的孩子，沒辦法故意輸，但也不會每次都贏。

如果很難區分「運氣」和「實力」，就可以用「能否故意失敗」爲基準來判斷，如果你可以故意輸給初學者，就是屬於實力領域，如果不能，就是運氣領域。比腕力可以故意輸掉，因爲絕對是靠實力，但擲骰子就無法故意放水了，所以算是由運氣決定。

區分運氣和實力的方法

可以故意失敗→實力
不能故意失敗→運氣

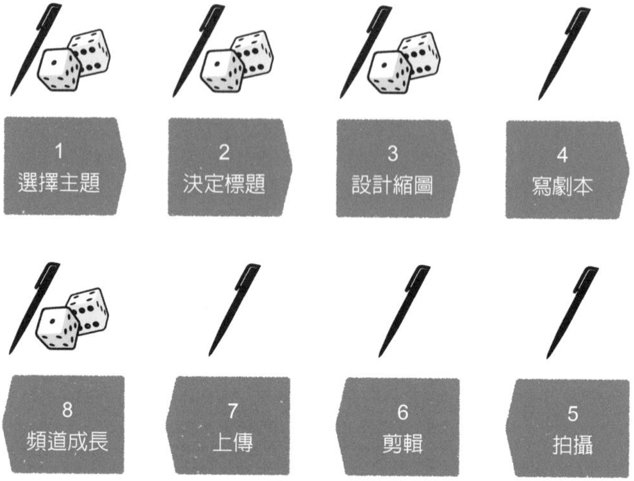

YouTube 影片製作過程中如何區分運氣與實力

實力　運氣

分享我在經營YouTube時，將運氣和實力區分如下：

寫出不合理的劇本或把影片拍攝、剪輯得非常草率，這其實是我完全可以刻意爲之的事，因此這是實力領域。相反地，如果想讓某個主題成爲社會焦點或潮流話題，這主題就同時取決於運氣和實力。分割之後，就要想想怎樣才能讓YouTube事業取得成功。要怎麼做才能增加YouTube影片點擊率和訂閱數？首先要提高實力，把劇本寫得精彩，提高拍攝和剪輯的品質。想要成功，在需要實力的領域提高實力即可。要記住，在運氣領域努力累積實力是沒有什麼效果的〈屬於運氣領域的方法，則在〈第四階段　將頻率提升至極致〉中說明〉。

每個工作開始之前都必須經過分割的過程，這是爲了避免在不對的地方花費時間精力累積實力，或者在需要實力的地方執著於機率。如果將有限的資源投入莫名其妙的地方，就無法發揮眞正的效用，特別是把大量的錢和時間花在「訓練」如何取得好運氣這種事，根本就是浪費。

訓練和嘗試其實很相似，都需要重複多次，因此很容易混淆。總而言之，需要訓練的地方是「實力領域」，需要多次嘗試的地方是「運氣領域」。爲了系統化的訓練和大量的重複，就需要程序。如果沒有程序，每次都按照自己當下的想法做不同的嘗試，絕對不可能取得爆發性的成功。現在讓我們來看看在運氣和實力兩種不同世界需要的策略。

在運氣領域用運氣策略，在實力領域用實力策略

買樂透或運動彩券而傾家蕩產的人，如果知道如何正確分割運氣和實力，結果會怎麼樣呢？了解到中樂透是偶然的幸運之後，決定用獎金買了想要的東西或儲蓄。沉浸在「新手幸運」的自營業者也不再自滿，不再夢想著銷售額如同「中樂透」一般突然上升，也不把責任都推到員工身上。所以說，分割是避免「做無意義事情」的重要過程。

完成分割之後，就要判斷把寶貴的資源投放到哪裡。**對於屬於實力領域的工作，要毫不吝嗇地投入資源，才能提高成功率**。以經營 YouTube 頻道來說，若寫劇本和剪輯影片的能力不足，可以透過看書或上課來累積實力。如同考試成績不好，就多用功或補習，努力提高分數。在實力的領域，「努力」的價值會大放異彩。

相反地，如果是屬於運氣領域的事，通常一下子投入大量的時間或金錢，損失就越大。不能把全部財產都拿去買樂透吧？靠運氣不是成功，就是徹底失敗。**在運氣領域提高成功率的唯一方法，就是「盡可能多嘗試」**。多擲幾次骰子，總

有一天會擲出六點。在運氣領域，「機率」是關鍵，要避免一次投入所有資源，才能最大限度地多多嘗試。

現在，可以順便提一下接下來要介紹的超常規法則：實力領域最快、最有效的學習方法在〈第三階段　先征服實力領域〉，而運氣領域最有效、合理提高頻率的方法，將在〈第四階段　將頻率提升至極致〉詳細說明。

分配資源的方法

實力領域→為提高自身實力，毫不吝嗇地投入資源。
運氣領域→投入最低的費用和時間，提高多次嘗試的機率。

無法分割，就無法成為領導者

「我明白你的意思，但是到底要怎麼分割我正在做的事呢？」

偶爾會有人這樣問我。我通常會回答：「爲了向超常規的道路更進一步，在嘗試任何事情之前，必須先分割。因爲透過這種方式，可以將自己擁有的資源適當地分配在每段程序中，從而提高效率。」

但是，如果對那件事不熟悉到連分割都做不到的話，就要先從熟悉開始，暫時先保留運氣和實力，不要執著於成果。首先，必須熟悉過程，暫時先把對於結果如何的擔心放一旁，多做嘗試。但是有些人可能沒辦法這麼做，因爲放不下對成果的期待，尤其是越聰明、越有名氣的人，就越放不下。他們擔心嘗試後的結果不好，在意別人的目光。那麼要怎樣才能解決呢？答案就是「學習」。

首先要找到在相關領域進行系統化分割的人。若想透過房地產或股票投資賺錢，但不知道該怎麼做，就找該領域的專家學習，仔細研究應該從哪裡開始、搜尋哪些資訊、了解投資的步驟和過程。要攀登喜馬拉雅山，也得先坐車到半山腰，就算要花點錢，也要向該領域的「高手」請益，鞏固基本功才能見效。

那些在某個領域已成爲「高手」的人，已經完成了屬於自己的分割，也就是說他們知道該從什麼開始，會經過什麼過程，可以取得什麼樣的結果。我也是累積了一百八十萬訂閱的《申師任堂》頻道的YouTuber，將經營頻道的過程一一分割，以講座的方式進行解說。如果你連現在要做的事情流程都沒有確定，現在就不是可以期待爆發性成長的時候。當然，總有一天，你也會成為懂得分割的人。懂得如何分割的人，最終可以成為領導者，不會分割的人則成為追隨者。

另一方面，也有人認為「因為非常熟悉，所以感覺不到非要分割的必要性」。我想向那些人強調，分割是必須的，因為如果能仔細整理程序，腦海中自然而然就會浮現出引領成長的問題：

我怎樣才能成功？

如果想要一直成功，應該怎麼做？

哪個部分是靠運氣？

在哪些方面要多累積實力，才能取得更進一步的成功呢？

能不能更有效地縮短程序？

因為這樣可以檢視自己，透過分割取得更大的成功，走上超常規之路。現在還有什麼理由不分割呢？

從「零」開始，為了反覆成功的人生

這天，我開設了一個新的YouTube頻道，上傳了五支影片，只有一支超過萬次點閱，其餘的都只有一、二千次的觀看次數。過了三個星期，訂閱數只增加了十四人。看到員工們失望的眼神，彷彿在問：「我們是不是要完蛋了？」

「我們不需要爲了眼前的結果而感到絕望。」

我堅定地說。因爲我認爲，比起眼前的結果，「過程」，也就是程序更重要。我們的過程是正確的，我有讓頻道訂閱數成長到一百八十萬訂閱的能力。另外，從區分運氣和實力的領域，努力將資源投入到適材適所這一點來看，程序並沒有問題。再加上曾創作過在短短三週內超過一萬次觀看的「熱門影片」，我確信，今後如果最大限度地製作許多影片，總有一天訂閱數一定會大幅成長。

不能試了一次之後就灰心喪氣，也沒必要辯解說「這次運氣不好」後躲起來。不要只關注眼前的結果，要仔細觀察過程。在過程完美的假設下多次嘗試，肯定能反覆取得成果。這就是我從一名訂閱者也沒有、重新開設YouTube頻道，創造佳績的祕訣。

原本以爲已經完蛋、無法成長的 YouTube 頻道《朱彥奎joo earn gyu》，如今再次擁有超過五十萬人訂閱。我已經透過分割了解了整個程序，在所有與實力有關的過程中，盡最大努力教導共事的人。製作人與企畫人員們認眞執行這個程序，寫劇本、製作縮圖和標題，而我則是盡我所能地消化，然後等待，直到「運氣」啓動爲止。

超常規思考法

不要執著於眼前的結果

數字真能證明一切嗎？

「用數字證明。」

這是一句可怕的話。什麼都不要，只用數字成績來表現。無論是學生、上班族還是自營業者，都是透過數字來評價。世界不斷強迫你用數字來證明，例如獲得選秀節目第一名的人，被認可為具有最高實力和魅力的歌手；賣掉最多車的人，被認可為超級業務員。在成果主義導向的社會，這可說是理所當然的事。

但是想想看，「結果」眞的等於「實力」嗎？你現在應該已經可以理解，實力跟結果不能畫上等號，因爲任何事情的成敗，都是運氣和實力綜合作用的結果。有時雖然程序不完善，但也有因運氣好而取得意外成果的人；也有程序正確，也盡了最大努力，卻因為運氣不好而失敗的人。雖然如此複雜，但大部分人還是對前者喝采，對後者給予嚴苛的評價。

可是結果絕對無法證明一切，程序，也就是過程更重要。分割運氣和實力的方式提醒我們，過程比結果來得更重要。

「努力」的價值，發光的瞬間

有一段時間，我更加認識到「分割」的重要性。那是《申師任堂》頻道的訂閱人數達到十萬人時發生的事。當時我覺得已經到極限了，一天只睡三、四個小時又起來工作，我不由自主地嘆了口氣。

「要這樣活到什麼時候？」

當彷彿無法再堅持下去時，我苦惱了很久，是否應該繼續「Keep going」。說實話，我很想放棄，但還是決定不放棄，投入更多的時間和精力，因為想好好做的想法更堅定。

回想起來，這個選擇是正確的。我的目標很明確要讓頻道成長，而要做的只是提高實力。影片被更多人看到、達成數百萬點擊率、訂閱人數暴增，這些都不是我能控制的。YouTube演算法是屬於必須完全依賴神的「運氣領域」，但是在縮圖設計、劇本、剪輯等實力領域，我可以更加努力。即使只睡三、四個小時，只要能提高實力一切都值得，因爲我相信可以取得比現在更好的結果。訂閱人數在短時間內突飛猛進，既是因爲我運氣好，也是因爲這段期間累積了實力。

只有做足準備的人，才能看到運氣的光，這就是YouTube演算法的恩惠。假設之前上傳的無數影片中，有一支影片透過演算法成爲話題，有三十萬人觀看了那支影片，那麼會有多少人訂閱頻道呢？如果影片的品質、吸睛的縮圖、有趣的內容和剪輯無法維持，那麼眞的有可能像「One Hit Wonder」（一片歌手）那樣就此結束。

有時候會想，「努力」眞的有用嗎？想著想著會貶低努力的價值。你的嘗試可能會成功，也可能失敗，但我相信，如果能夠提升實力，一定會迎來比昨天更好的未來。

不是「失敗」，而是「小小的成功」

「我很努力，但爲什麼我的生活沒有變好呢？我爲什麼總是失敗？」有很多人向我提出這樣的詢問，他們眞的很努力，但始終沒有取得成果。多賺五十萬、一百萬並不像說的那麼容易。雖然投入了時間、金錢、能量等寶貴資源培養了實力，但如果情況一直沒有變好，只會越來越空虛。我充分理解那種心情，但也想告訴大家一個事實。

「實際上，大多數嘗試都是失敗的」。努力也可能會失敗，因爲完全存在於實力領域的事並不多。雖然我寫這本書是爲了告訴大家提高成功率的方法，但是模仿這本書就能馬上取得成功嗎？這是未知的，也有可能有了實力，卻因爲運氣不好而失敗。但如果程序是正確的，我認爲即使失敗了，勇於嘗試依然是正確的選擇，只要不怕疲倦多次嘗試，總有一天會成功。

今天比昨天多了一些實力嗎？那就行了。如果程序是正確的，那麼你的嘗試就不是失敗，而是朝向成功前進的「小小的成功」。

成功的人有一個共同的特點，
就是擁有向著目標長久前進的熱情和毅力。

——安琪拉．達克沃斯
《恆毅力》作者

第三階段

先征服實力領域

有些人很快放棄。莫非你也是這樣？

很多人問我怎樣才能透過 YouTube 賺錢？現在當 YouTuber 還能賺錢嗎？當然，YouTube 依然能賺錢。它是目前最多人使用的平臺，在這裡的影響力越大，資金自然就會隨之而來。我確信，即使現在只是普通的「常態」，也能在 YouTube 的世界擴大影響力。問題是，向我提問的大多數人拍幾支影片上傳後，如果沒有反應，就會立即放棄。輕易中途放棄的他們，似乎不知道自己為了成功而上傳的幾支影片，實際上正是接近成功的幾步路。

雖然聽起來理所當然，但想實現目標就是要努力，而且是有意義的努力。首先，將迫切想達到目標的所有程序一一分割，區分為運氣和實力的領域。運氣影響較大的部分就遵循運氣策略，實力影響大的地方可以遵循實力策略。在只要投入時間就能有一〇〇%成長的「實力領域」，要制定系統化的目標，一步一步地實現目標，這就是我對想成功的人的期望。

超常規第三階段定律

首先征服實力領域。
區分實力領域的部分後再學習，克服想放棄的心態，提高「成長解析度」。

不知放棄的人，成為超常規者

將到目前爲止的超常規法則做個整理，任何事情的成敗都是結合運氣和實力的因素決定，爲了取得成果，可以根據運氣和實力的個別要素，制定不同的策略，投入有限的資源。運氣和實力的最大差異就是「累積的可能性」。再怎麼努力也累積不了運氣。今天樂透中獎，明天不可能再中。提高中獎機率的唯一方法就是買樂透，多買多中。在運氣影響比較大的階段，要降低成本，盡量多試幾次。那麼在實力重要的階段應該制定什麼策略？答案很簡單，累積實力就行了。不要忘記，或許運氣不好，但實力仍是可以累積的。

要想在事業或投資等方面取得成功，必須正確提升實力的要素。我想起了一位著名房地產投資者的故事，在投資初期，他爲了培養獨到的市場眼光，決定到各地現場勘察，進行地區分析。有段時間，他每個月有二十天不分市區或鄉下，到處勘察。令人驚訝的是他還有正職，是個上班族，平常省吃簡用，爲了節省交通費而走了很長的路，常常走到腳底腫脹或腳趾甲脫落。爲了能多去一個地方，在寒冷的冬天也依然在外面奔波。他坦白說道，那時連妻子和小孩的臉都很難見到。

這個故事的主角就是《當個上班族致富退休吧》的作者「爲你我」（暱稱），他曾在《申師任堂》中〈認識的前輩〉這個單元出現。當時不管問他什麼地區的房地產市場，他都瞭若指掌，會立即提出建議。其祕訣可能在於他的努力不懈，讓他無法被超越。在與他進行有關投資的對談後才知道，他對房地產市場的了解程度，可說是與他在各地走過的步數成正比。透過這幾十萬步，他得到了大量的資訊。儘管如此，對於未來的金融環境和房地產價值漲跌等關於「機率的領域」，他卻始終保持謙虛。簡言之，他自信在實力領域無人能及，同時兼備了在機率領域的謙虛態度。很明顯，他是可以準確區分實力和機率的超常規者。

我遇到的超常規者當中，沒有一個只是因爲運氣好才成功的。在他們的成功背後，充滿爲了累積實力而不斷努力學習的時光。

為輕易放棄的人而準備的成功祕訣

「因爲『爲你我』是個不會放棄的人，所以成功了。但是我沒有那麼大的毅力，難道這輩子就無法成爲超常規者了嗎？」

當我強調努力的價值時，就會有人這樣反駁。關於這個疑問，讓我們來思考一下「放棄」。我們決定放棄是在什麼時候？不是錢花光了，就是損失到了無法再站起來的程度，不然就是周圍人極力勸說……理由五花八門，但大部分人在：

心裡的悸動和熱情消失的瞬間，就會放棄。

剛開始做某件事時，在熱情的熔爐中誕生的目標和夢想，總是讓我們的心情激動不已。但將其實現卻是平凡而反覆的過程，很容易令人厭煩。假設有個選項「A」，只要增加嘗試次數，成功率就會暴增。雖然腦子裡知道要反覆做，A才能成功，實際執行卻很難。因爲剛開始熱情高漲，但隨著時間的流逝，會逐漸忘記要做A的理由和目的。因此，爲了不忘記最初的夢想和嘗試的目的，我們必須繼續努力，隨時確認並說服自己正在接近成功中。

特別建議由只要花時間，就絕對可以完成「機率一〇〇%的領域」，也就是從實力的領域開始做起。因爲越是想學習超常規成長方式的初學者，越容易因爲小小的失敗而受挫放棄。我也是意志力很薄弱的人，每天都努力理性地說服自己。

問題是，有些人在實力領域也很難撐下去而中途放棄。我也一樣，就像即使知道水在一〇〇度時才會沸騰，卻往往在九十九度時就打退堂鼓。這時就需要「溫度計」，以便親眼確認再努力多少才能取得成果。

雖然在地圖上很難確認我的動向，但放大看的話，就能知道我正朝目標前進。（來源：Kakao Map）

我把這一過程稱爲「提高成功地圖的解析度」。假設我們打開導航系統前往目的地時，在地圖上看起來似乎沒有動靜，這時，要把地圖放大，才能確認我是不是正確地朝著目標方向移動。發展實力領域的方式也大同小異，以一天或一小時爲單位，將目標細分成各個階段，每隔一段時間確認是否走在正確的道路上前進，就可以親眼看到實力正一點一滴地累積，成長就是最準確的溫度計。

提高「成功地圖」解析度，確切具體的方法

安琪拉·達克沃斯所著的《恆毅力》

是一本喚醒、努力填補實力領域的書。作者對成功的企業家、運動員、營運長等突破自我界限的人，進行多方面的研究，得出一個非常明確的事實，那就是在成功方面，比起特殊的才能，韌性和不放棄的毅力更重要。同時還表示，爲了能有毅力或意志力的成長，必須進行「有意圖的系統化訓練」，我在書上的這部分特別畫上重點。

到底什麼是「有意圖的系統化訓練」？不僅是《恆毅力》，很多書都強調爲了成長而努力訓練的重要性，但並沒有說明實際應該如何構成和實施，只是列出「訓練使人成長」的證據。爲了解決這個問題，我以培育菁英運動員的教練們的訓練方式爲例。

在學習游泳時，如何實行「有意圖的系統化訓練」？讓我們先想想以下哪種方式更有系統且能長時間保持興趣。

【方式一】**樹立「游泳很厲害」的目標，努力練習**

每天在游泳池練習五個小時以上。

【方式二】**將所有過程細分，制定小目標，定期確認是否實現**

①以同樣距離來回練習，計算每一趟揮動胳膊的次數，以減少次數爲目標。

②除了減少揮動胳膊的次數之外，再加上保持穩定速度。

③減少揮動胳膊的次數和維持速度的同時，練習讓水的阻力影響越小越好。

爲了減少水的阻力，身體必須盡量維持一直線。

爲了避免中途「放棄游泳」，使之成爲興趣的練習方式當然是「方式二」，透過「有意圖的系統化訓練」實現了「游泳很厲害」這個最後的目標。如果利用將整體目標細分成短期目標，有系統的、反覆的訓練，那麼放棄的時間應該可以延後許多。一般放棄的理由多半是「沒有進一步的成長」，那麼這種方式可以定期幫助確認自我的成長結果。例如，雖然速度沒有加快，但揮動胳膊的次數減少了，這也是成長；保持一定的姿勢穩定前進，游泳的時間也增加了，這也是成長；速度加快無疑是成長；感覺體力變好比較沒那麼累，也可以說是成長。

當然，單純達成一個要素並不代表游泳技術變得很好，但是具備了「游泳者必須的要素」這一點是非常明確的事實。就像用溫度計確認水是否沸騰一樣，可以用雙眼明確掌握成長程度，這樣直到水沸騰的那一刻到來，溫度可以逐漸升高，不會中途停止成長。

在學習游泳的過程中也經歷過低潮的我，在某個週末的早晨，突然發現我揮動手臂的次數從二十次減少爲十六次。當時我深刻地感受到自己的成長，這是別人不知道，只有自己知道的成長信號。別人不知道也沒關係，能意識到自己成長的過程很重要，因爲只有這樣才不會中途放棄。在成爲超常規的道路上不該放棄，不是嗎？

另外，在訓練實力領域時，一定要記住一點。爲了提高實力，訓練強度必須比我的能力值稍高一些，與我目前的程度相差甚遠的高強度訓練，反而會削弱我的自信心。

提高訓練強度的方法可以分成兩個。第一，維持同樣程度但減少時間的訓練。如果一小時內製作十盤披薩並烤好的工讀生，能在同樣時間製作二十盤披薩並烤好，確實是成長了。這種目標型的訓練方式爲增加「量」做出貢獻，有助於更有效地利用每天的二十四小時。第二，可以在同樣時間創造出更好成果的學習訓練。例如，與新手工程師相比，工作已五年的工程師有更高的機率創造更好的程式。因爲透過長時間的訓練，提高了自己的實力水準。這對提高產品品質產生積極效果。這時，爲了更有效地學習，必須找出提高結果品質的決定性因素（相反地，對結果品質沒有影響的因素，就要果斷排除）。

關鍵是要清楚地意識到訓練的目的是「在同樣時間內創造更多數量」，還是「在同一時間內創造更好的品質」。因爲兩者都很重要，若要兩者兼顧或許反而會出現反效果。因爲如果想縮短時間又改善品質，在訓練中就無法確定哪個優先，會變得混亂。明確的訓練目的，設定簡單清楚的目標，以單純「有意圖的訓練」，對提高新手的實力非常有效。

另一個值得慶幸的事實是，**「簡單重複」的訓練，相對地受熱情的影響較小**。不用再自暴自棄地說「我沒有熱情」，即使沒有熱情，反覆做一件事，時間一長也會自然而然地成爲達人。電視節目《生活達人》介紹的人就是如此，他們只是「無限反覆」地做同樣的工作，但在某個瞬間卻成爲達人。但是你有沒有留意過在達人身邊做同樣事情的其他人？偶爾留意一下他們被攝影機捕捉到的瞬間，他們雖然沒有達人的水準，但也具備了不亞於達人的實力。這說明，反覆訓練，實力一定會提高。

儲存時間，爆發性成長

透過長時間的訓練，所取得的努力成果，甜蜜得難以用語言來表達。努力是儲存時間的行爲，不僅在觀念上如此，在現實也是如此。

前面舉例提到「爲你我」的房地產投資故事，「現場勘察」這個詞包含了無數個過程，有掌握行情、確認周邊交通網及生活環境、學區、社區居民的探訪等。

隨著現場勘察過程的系統化、反覆、成爲習慣，從某個瞬間開始，到「現場」的壓力會呈幾何級數減少。壓力減少了，就可以付出更多的努力，實力只能日新月異。經過長時間訓練並熟練的人，和剛剛起步的人，在數量和品質的成果上都會出現巨大差異。與第一次現場勘察時相比，第一百次的現場勘察，會馬上看出在短時間內掌握大量且有用的資訊。像這樣透過練習和訓練熟悉某件事物，讓所需時間越來越短，也就是說「賺」到了時間！

另外，隨著實力的累積，失敗的機率也自然而然減少。因爲實力提高，成果的水準也隨之提高。在棒球比賽中，連續好幾年來一直保持三成以上打擊率的選手，只要沒有受傷或其他意外，下一年度也能取得好成績。另外像有些電影導演推出的電影就是品質品證，因爲他的實力已經被認可，至少不會讓人失望。像這樣，有實力的人創造出來的成果，都有一定的水準。我也在經營YouTube的過程中累積了實力，有了經驗後，新上傳的影片平均點擊率也看到飛躍性的成長。製作一支影片所需的時間減少，但品質提高，頻道成長到與以前無法相比的程度。

更進一步來說，實力在（超常規法則第四階段）「機率領域」中成爲巨大的資產。如果具備了實力，那麼嘗試一次的成功率就會提高，或是成本會降低。到這種程度，就能在平凡的人群中領先。

實力產出的果實意外地甜美。在以實力做後盾的情況下，如果運氣好，成果就會爆發性地擴大。當然，即使實力出眾，如果沒有運氣，也有可能失敗幾次。但是，只要不放棄，反覆嘗試，成功的大門絕對是向你敞開的。

實力和成果的相對關係

1. 實力是儲存時間的最好方法。
2. 實力提高成果的基本水準。
3. 實力是製造爆發性成長的鑰匙。

需要多少，就掌握多少的學習技巧

比起抽象的精神喊話，我更喜歡具體而明確的實行方針。我認爲透過至今爲止的親身經歷、所見所聞得到的經驗，制定出來的超常規程序非常具體和實用。任何事情只要代入過程並照著做，基本上有很高的機率可以得到更好的成果。從這個意義出發，我想告訴大家如何有效地累積實力。我的時間和精力也不是無限湧出的資源，所以至少不能像往無底洞裡倒水那樣白費工夫。

第一，不要在運氣領域費力

看著在少數顧客身上花費大量時間和努力，卻未能取得成果的職員，有時會感到惋惜。他們一旦遭到拒絕，首先會受到很大的傷害，花費大量時間修改提案書或寫文情並茂的郵件。但是仔細想想，就像寫論文一樣，在研究過程中接觸更多客戶不是更有效率嗎？甚至如果之前的提案取得幾次成功，而且成果也非常優秀，就沒有必要再調整提案書了，因為這時應該毫不猶豫地走向機率的世界。

過去在電視臺工作時，我是做業務的製作人，那時我相信世界上只存在實力，而業務也是屬於實力的領域，卻常埋怨公司不教我如何做好業務工作。在此過程中，一次有位保險業務高手來參與節目，我問他如何成為業務高手，他表示如果之前有過幾次成功簽約的經驗，那麼就應該大幅增加與顧客接觸的次數。他進一步強調，要面對這麼多人，難免會遇到當面拒絕的狀況，被拒絕而不受傷害的精神力非常重要。剛開始時，他每天打一百多通電話，即使被拒絕，仍繼續挑戰，不過他說大部分的人都在這一關就陣亡了。

是的。我忽視了「機率」會影響業務成果的事實。對某些人來說，我的產品是不必要的垃圾，但對另一些人來說，就像沙漠裡的綠洲一樣。根據對方所處的情況，對產品的評價也會有所不同，因此能否剛好遇到對的顧客，這個機率就取決於「運氣」。而盡可能與多一點人接觸，才有機會確認我的產品是否像綠洲一樣重要。這種時候，使用投入較少資源，但可多次嘗試的機率策略會比較有效。

第二，制定「最低限度的合格標準」

偶爾會遇到對實力上癮的人，他們都是長期磨練實力的「高手」。只要努力，隨著時間流逝，一切都會往上提升，所以實力反應出來的結果是非常誠實的。但機率不同，實力不足的新手也有獲勝的機會，而經過長時間磨練的高手在這種時候會受到巨大的衝擊，很容易一蹶不振，因爲無法承認向來實力出眾的自己敗給了初學者。但實力是實力，運氣是運氣。因此，我向員工們強調，不一定非要追求「超規格」。

成爲某個領域的最高權威是一件很了不起的事，但遺憾的是，對我們這些平凡的普通人來說，實在是太難了。身爲普通人，與其一心想與競爭者比較，不如著重於多次嘗試，先讓自己提升到符合市場最基本的水準，這樣反而比較有效果。假設你開設了以提供資訊性內容爲基礎的自我開發 YouTube 頻道，目標是成長為像知名YouTuber那樣有影響力，需要多久時間和努力呢？不用想也知道，普通人當然需要大量的學習和訓練。但是非得具備那些知名YouTuber一樣的實力才有資格開設頻道嗎？擁有一千、二千名訂閱的頻道其實也能獲得收益，不如先集中於累積像他們那樣的實力，多多上傳影片，成功的機率會不會更高呢？

曾經有短片，只拍了在便利商店吃泡麵的內容，觀看次數卻達到數百萬次。初學者也能輕鬆製作的短片，同樣取得了爆發性的成果。當然，當時該頻道的訂閱數只有幾千人，並不算高。尋找在市場上相容的最小標準，也就是發掘變異。

不必像民間高手那樣長時間修煉，也不需為了成為匠人而苦苦磨練，如果已經達到「最低限制的標準」了，就先嘗試一下吧。在猶豫不決的時候，其他競爭者已經紛紛進入市場並取得成果了。

第三，把握好優先順序

與老是說總有一天會創業的A對話時，心情總會變得很鬱悶。

A：我想開始做生意了。

我：不錯啊，那你最近應該很忙吧。

A：和上班族生活根本完全不同。特別是知道要繳的稅金比較多這件事，我就立即報名參加節稅講座。

我：節稅是嗎？稅金是很重要，但等到事業收益穩定後再考慮應該也可以吧？

A：那樣以後不就吃大虧了嗎？

我：……

我不喜歡沒有用的爭論，所以馬上轉移話題。當然，合法節稅對於企業家來說很重要，但是，在連收益模式都不明確的階段，應該還有其他更重要和緊急的事。想學習什麼，就要正確掌握重心放在哪裡。對於正在準備創業的A來說，當下的核心工作不是應該在創造出讓顧客滿意的價值嗎？

做YouTuber也是一樣。有些人會先購買最高級的設備，但我都會極力勸阻。我剛開始拍影片時，有幾年的時間都只用智慧型手機拍攝。那個時期，比起配備好的相機，更重要的是了解內容的要素和標準，才能製作出滿足基本要求的影片。

第四，偷走好榜樣的時間

「分割？最低限定的標準？那些我不太清楚！我根本不知道該從哪裡開始！」

有人是真的處於什麼都不知道的「新手」階段。對於完全不懂程序的人來說，要求分割或達到滿足最低限度標準的建議是沒有用的。這就像連爬行都還不會的嬰兒，要他走路一樣，但也不能因此而放棄吧？

有個簡單的解決辦法。如果是連程序都很還沒掌握的初級階段，首先應該尋找一個「好榜樣」。首先可以去聽相關成功人士的演講。這也是存時間的好方法之一。如果別人用幾十個小時「挖」出來的東西，我十個小時就學會了，那就算是省時間了。

另外，還可以直接向比我做得好的人學習。在新進員工時期，不是都會向直屬上司或前輩學習實務嗎？如果有足夠時間教我的人，那麼他必然具備了一定的實力。就先跟他學習，等我成長了一個階段，再找下一個好榜樣學習。

每個人都有新手時期，重要的是，無論發生什麼事，都要保持「完整的初心」。我遇到的超常規者的共同特徵之一，就是會尋找自己解決問題的方法。從現在起，你也必須那樣做。

「因為是朱彥奎，所以才這麼成功。」

理財、自我開發頻道《申師任堂》的影片下，經常會出現這樣的留言。

（在股票相關的影片中）

留言：「看這些！你就能成為巴菲特嗎？」

（在採訪企業家的影片中）

留言：「因為是在那個時間點才會成功，現在根本就不可能！」

（在曾經平凡的我的影片中）

留言：「因為你是朱彥奎，所以才這麼成功。平凡的人能像你那樣嗎？」

著名心理學家安琪拉・達克沃斯對有意貶低學習價值的人這樣問道：「難道我們不能成爲愛因斯坦，就沒有資格學習物理學？因爲不會成爲尤塞恩・博爾特，所以沒有必要早起跑步嗎？爲了成爲比昨天更好的我而學習或跑步，眞的像別人說的那樣沒用嗎？」

也有人對閱讀自我啓發書籍的人冷嘲熱諷。人們打從一開始就擁有不同的基因，再加上在不同環境下成長，所以別人的故事對我有什麼意義呢？但是，爲了創造比昨天更好的明天，默默地往前走的人和停留在原地生活的人，誰的未來可能性更高？誰更有機會爆發性的成長呢？

安琪拉・達克沃斯表示，如果她的孩子說：「我不會成爲像莫扎特那樣的音樂家，所以我不要彈鋼琴。」那麼她會告訴孩子：「你不一定非要會彈鋼琴，但是有一點一定要知道，你不是爲了成爲莫扎特才練習鋼琴的。」

我還是相信努力和學習的價值。

超常規思考法

用「Easy模式」度過人生

我們為什麼老陷在沒用的事裡

超常規之路並不容易。如果是上班族，下班後還要繼續爲了成長而學習。但是一回到家就想來杯啤酒，什麼都不想的放空，再躺在沙發上看YouTube影片，我可以理解，因爲從科學的角度這些都是理所當然的。神經科學家丹尼爾・列維廷在他的著作《過載》中表示，我們的大腦每天只能做出特定數量的判斷。也就是說，如果超過某個限度，不管事情重不重要，都無法再做出判斷。這就是爲什麼我們會迴避重要的事情而偷懶了。你已經在公司被上司折磨，一天下來腦袋裡做了無數個決定，所以不想回到家還要動腦，這是人類的本性。

但如果像別人一樣，把大部分閒暇時間都浪費掉，就會完全遠離超常規之路。

若不想受本能局限地生活，該怎麼辦呢？

就從現在開始，從潛意識裡開始重新布置。

爲了戰勝本能，有一個解決方法，那就是「利用人類的潛意識」。人的大部分行動都是潛意識的產物，總是掃過 YouTube 的影片，這是潛意識逼迫大腦休息。既然如此，乾脆改變環境，支配一下討厭思考的潛意識吧。據說韓國有「學習之神」之稱的補教界名師姜成泰，在指導學生時，會幫學生的家布置成只能學習的環境。讓學生可以心無旁礙，自動坐在書桌前，集中注意力專心學習，成績自然大幅提升。

你心裡有熱切的渴望嗎？有什麼花時間和精力迫切想學習的東西嗎？那麼就乾脆將潛意識設計爲不想浪費時間的空隙。例如區分工作用、興趣用的筆電，把工作場所和休息場所、享受興趣愛好的場所分開。如果環境發生變化，場所改變，人的潛意識就會做出不同的行爲。

不需要活在「Hard 模式」下

「可以在一個半小時內結束採訪嗎？我還有下一個行程。」《申師任堂》時期，我經常遇到那些行事曆寫得滿滿的超常規者。剛開始還懷疑，「難道他們都以分鐘爲單位過日子嗎？」但這是不爭的事實。諷刺的是，我現在就是這樣生活的。縝密地計畫，讓計畫跟上我的潛意識。透過這些，不僅有效地利用了時間，還把我想看Netflix的潛意識引導到更具生產力的事情上。

對於人類來說，「變化」是一件非常困難的事。有一回搬家的時候，爲了方便用手機APP點了外送，但是送來才發現沒有筷子和湯匙。因爲我的餐具都還沒拿出來，所以需要筷子，但回頭想想爲什麼會沒有附餐具，原來是我在點餐時依照慣例標記了「不需要餐具」的選項。人很難突然刪除制式的基本設定尋求改變。但是沒有任何計畫，又不改變周遭環境條件，這樣會產生改變嗎？這等於是嘴裡說要減肥，卻把自己關在堆滿餅乾和飲料的房間裡，人生沒必要非得過

「Hard模式」的生活來考驗自己。

要想支配潛意識，就必須改變環境。反過來說，只要換個環境，就能改變潛意識。

他們也害怕失敗。
和我們不同的是，
他們更害怕無法嘗試。

——亞當．格蘭特
《反叛》作者

第四階段

將頻率提升至極致

不論古今中外，無論是在哪個領域取得壓倒性成果的人，都能找到兩個共同點。

一、**把想要做的事付諸實踐**。

二、**即使失敗也不感到疲憊，繼續多次嘗試**。

雖然是理所當然的話，但每個人都會經歷大大小小的失敗。在歷史上留名的人，在驚人成就的背後，多有鮮爲人知的失敗。著名組織心理學教授亞當．格蘭特的著作《反叛》中，出現了多位在無數次失敗中不屈不撓的偉人的故事。

莫扎特：在三十五歲去世之前，共創作了六百多首曲子。

貝多芬：作品多達六百五十首。

巴哈：創作了超過一千首曲子。

愛迪生：擁有一千零九十三項專利。

愛因斯坦：發表二百四十八篇論文。

倫敦交響樂團選定的世界五十大古典音樂目錄中，包含了六首莫扎特的作品、五首貝多芬作品、三首巴哈的作品。作者表示選曲原則是「與普通作曲家相比，創作數量壓倒性較多的音樂家作品」。也就是說，那些名音樂家寫的曲子也並非每首都是名曲。值得注意的是，愛迪生一生獲得的一千零九十三項專利中，只有一小部分改變了我們的生活。愛因斯坦寫了大量的論文，但除了關於《相對論》的論文外，其他幾乎沒有人提及。被稱爲「天才」的這些人，也是以壓倒性的嘗試取得了成功，才名垂青史。白手起家的企業家也一樣。翻開他們的傳記，總是出現不屈服於多次失敗，挑戰到底，最後獲得成功，如同電視劇一般的故事。

在歷史上永垂不朽的天才尚且如此，更不用說我們這種平凡的普通人了。要想成功，必須先嘗試。如果想創業，但下班後的時間完全不想準備，那麼想當然耳，你離創業成功會越來越遠。關於創業的夢想會惡化你的現實，因爲下班後就像沒有野心的人，躺在沙發上玩手機，滿足於「現狀」，上班時又因對事業的夢想，無法完全集中於工作。

最近很多人嘗試的 YouTuber 也是如此。如果想成爲 YouTuber，卻連 YouTube 市場調查都不做的話，要怎麼開始呢？該不會說正看著已經成功的 YouTube 頻道做研究吧？這只是從他人成功後的中間點確認他們的成功而已，前面他們做了什麼事全然不知道，所以並沒有太大幫助。應該找尋與現在自己情況相似的頻道，即維持「一般訂閱人數」的他們，此刻正以何種方式邁向成功。總之，我想說的重點是這個：到底什麼時候要開始？

雖然想盡快取得成果，但如果習慣性地被手機中的 Netflix、YouTube、Instagram 占用時間，最終將無法實現想要的目標。因爲要實現目標，必須具備絕對數量的嘗試。

要想如願以償，必須多次嘗試，盡可能增加與成功相關的有效事件接觸，這就是「高頻率策略」。

超常規第四階段定律

提高嘗試頻率。

放慢思考，馬上行動

我們爲什麼不敢嘗試？因爲害怕輕舉妄動，會讓情況變糟。與其冒然挑戰而失敗，還不如一開始就不要嘗試。「做事要有分寸，先掂掂自己的斤兩」，這話讓人聽了心情鬱悶。當然我不同意這種說法，但完全可以理解嘗試前那種猶豫不決的心情。

當面臨新的事物，必然會有許多想法。思緒接二連三，不知不覺思緒的樹枝開始茁壯成長。越是充分具備取得成功能力的人，想法的枝葉會生長得越快。培養了好一段時間的想法，再看看現實，會發現要走的路似乎非常迷茫。問題是，人的思考速度比行動快，還沒行動，腦中已經以快轉兩倍的速度確認了「結局」。而從實行到成爲現實，卻是只以十分之一的速度前進，眞令人鬱悶。

有人想要經營 Airbnb，他腦子裡開始浮現出許多點子。雖然在程度上有差異，但大體上都是「如果執行應該是個好想法」。然而因爲這些點子，卻讓他什麼也做不了。因爲隨著創意發展，不知不覺間腦海中從 Airbnb 發展成構築「凱悅飯店集團」的程度。現實世界跟不上我們的創意速度，與宏大的想法相比，會發現自己的現實似乎太寒酸了。

如果擁有足夠的資金，這個問題就可以簡單解決。只要僱用能將我的想法具體化的人，還可以同時多頭進行。也就是說，建立一個將計畫實際化的速度，比創意發展速度更快的執行團隊即可。但對於像我們這種沒有財力、物力的普通人來說，我們別無選擇，只能放慢思考速度，多嘗試幾次，這點非常重要。因此，我們需要調整思考時間和行動時間的比例。我建議將擁有的能量一〇%用於思考，剩下的九〇%用於行動。另外，在實行的時候，也希望最大限度地放鬆，進行所謂的「挑櫻桃」策略。有人專挑蛋糕頂端的櫻桃吃，這個行爲通常含有負面的意思，但是我認爲現階段可以用挑櫻桃的方式。也就是說，不要想盡辦法努力做好全部的事，只要挑最重要的核心去嘗試一下。如果能多試一次，就多試一次。

透過限制思考的量來加快行動速度，這樣就可以增加嘗試的次數。當然，很多嘗試必然會帶來很多失敗，但是希望你能意識到失敗次數的增加，是成功機率增加的另一面。想成功，就不要害怕嘗試。

想創業，絕對不要孤注一擲

有一次在吃飯的時候，員工這樣問道：

「我也想透過事業成爲超常規者。但是，如果只埋頭不斷地嘗試，但最後卻是失敗到無法再站起來怎麼辦？人的意志力眞的有那麼強嗎？」

當時我很難找到適切的回答，所以點了點頭。

那人說得沒錯，無論嘗試是多麼好的事，挑戰有多麼重要，都絕對不能失敗到無法重新站起來的程度。或許有一％的機率會成爲擁有數百億身價的資產家，或者有九九％的機率負債累累，創業眞可謂是一場賭博。如果想做的事會讓你不是「成爲大富翁」就是「負債累累」，那麼我絕對不建議你去做。我後來告訴員工這個不會完蛋的祕訣，讓他安心。

我能理解「如果冒然創業，不順利而倒閉該怎麼辦」的不安心情。很多上班族即使對幾萬元月薪的生活不滿意，卻不敢離職的原因也在於此。公司若出現了危機，上班族可以跳槽，但負責人卻與公司命運相伴，一同沉沒。租金、員工薪資等固定費用每月都在流失，收入減少的灰暗心情，只有經歷過的人才知道。由此可知，創業仍具有風險，那麼有沒有降低風險的方法呢？

當然有。

不要孤注一擲。

我總是對想創業的人建議：「如果想全力以赴，就不要創業。」許多企業家透過書籍和演講告訴大眾要把人生寄託在事業上，但事業就是拚死拚活地努力也不一定行得通。不過，不要孤注一擲到底是什麼意思？

假設A第一次創業，他邊工作邊勤奮地累積了一百萬元的創業資金。就像一般想創業的人一樣，認爲做些穩賺不賠的事業就可以了，心中的野心和熱情正燃燒著。他有資金、有幹勁、還有好的事業項目，那麼他會理所當然的成功嗎？

不知道。想來想去，也只能說不知道。世上沒有與運氣無關的事，因此A可能一舉成功，也可能只是平平順順地做著小生意。如果運氣不好，實力也不如競爭對手，那麼賠錢的機率就會倍增。其實不用再說，A就是當年開租賃攝影棚一號店的朱彥奎。我欠了百萬元債務後嚐到了地獄的滋味，彷彿世界崩潰，當時的壓迫感，到現在我也不敢再想起。

對於數十億、數百億的富翁來說，百萬元並不算什麼大數目。因爲像投資成本不到三千萬的攝影棚，有錢人可以毫無負擔地嘗試十次。我經常把有錢人比喻成在床墊上翻滾的孩子，孩子們知道在床墊上做什麼都不會受到太大的傷害，所以可以毫不猶豫地嘗試翻滾。有錢人也一樣，他們可以毫不畏懼地嘗試以「億」爲單位的事業。因爲即使賠錢也照樣活得下去。但是，如果在硬梆梆的水泥地上翻滾，是多麼可怕的事啊。我們這些平凡的普通人，並沒有「富裕的床墊」。

這就是爲什麼你現在不能辭職、害怕新嘗試的原因；這就是爲什麼你猶豫了很久，最後只投資三十萬的原因。我也有過那樣的時候。對於十年前的我來說，一百萬就像生命一樣。我五年來沒有喝過什麼手沖咖啡，只敢喝即溶咖啡，平日總是穿那幾件衣服，辛辛苦苦存下來的「血汗錢」，不能一下子把我的資源全部投入進去。一旦孤注一擲，最後搞砸了，一切都會完蛋。我再次強調，千萬不能一次賭上所有的資產。

那麼，如何降低風險呢？減少每一次嘗試所需的費用，分成多次嘗試，這樣如果失敗，受到的衝擊就會大大減少。假設我有一百萬，那麼就用十萬嘗試十次，也可以用一萬元嘗試一百次，或者用一千元嘗試一千次、用一百元嘗試一萬次。如果將嘗試一次的費用降到最低，即使失敗也可以毫無負擔地再次挑戰。不是嗎？此外，多次嘗試會增加成功的機率。累積的小小成功，將成爲實現超常規的基礎。

平凡人成功最確實的策略是：「不遭受致命的打擊。」

超常規第四階段定律的參考事項

在機率領域使力時，
為了以低成本取得最大成果，
必須制定「高頻率策略」。

「我知道了。但是用一千元、一百元能做什麼事業？」員工聽了我的話後又問道：「要做多一點小小的嘗試？意思是盡可能做小本生意的意思嗎？」當然，在創業初期如果可以，最好盡可能少花錢。因爲花得少，失敗了損失也比較少，這樣就能獲得重新站起來的勇氣。

但這並不代表要專注於尋找成本較低的事業項目。我的策略不在於找「成本一百元的生意」，「超常規法則」是針對我們要將寶貴的資源投入到哪裡、以何種形式投入的策略。在超常規法則第二階段曾強調，應該一一整理從實行到結束某件事的全部過程，並將其分割爲「運氣」和「實力」領域。比起實力的領域，在運氣領域更適合進行多次嘗試，這樣可以提高成功機率。

在格蘭特．卡登的《十倍法則》一書中，作者認爲成爲數千億資產家的祕訣之一，就是「發揮了比別人多十倍的行動力」。他主張，不要減少目標，爲了實現目標要大膽行動、多嘗試。他強調只要行動比競爭對手多十倍，就能取得成功。我再補充一點，比起實力領域，在機率產生更大影響的過程中，如果行動更積極，效果就會最大化。在受實力影響較大的過程中，高頻率的嘗試是愚蠢的選擇。例如，像我這樣的人根本沒有力氣舉起一百公斤的槓鈴，卻一天嘗試練習很多遍，最終還是無法舉起。像這樣在實力對結果產生巨大影響的領域，比起多次投入資源的嘗試，提高實力的「學習」更爲重要。

相反地，如果是受機率影響較大的領域，提高實力的行爲就沒有什麼意義。在取決於機率的事情上，越是訓練提高實力，人生就越會陷入泥沼。那該怎麼辦呢？提高樂透中獎機率的唯一方法只有一個，就是多買。

簡而言之，在機率的領域，嘗試得越多，成功的機率就越高。

聚集更多人氣的方法

我以 YouTube 爲例，來說明超常規法則的第四階段。

透過一段時間的分析，我了解「主題」和「頻道成長」的成功是靠「機率」。我不可能找出一〇〇%會成功的主題或每個人必定會點擊訂閱的影片。即使選定了話題性很高的主題、寫了有趣的劇本、提升了拍攝實力、剪輯後製也處理得很好，也不能完全保證可以出現在平臺首頁上。

這時，新手 YouTuber 可以嘗試的方法只有一個，就是針對一個主題，以多種素材拍攝上傳，製作更多影片。比起長時間磨練實力，一年只上傳一部影片的新手 YouTuber，即使有點不熟練，但一年上傳五十支影片的新手更有機會取得成功。我身爲「YouTube 講師」，從許多學員的經驗爲基礎，可以保證後者成功的機率更高。前面強調過，如果現在的業務在機率領域，就要提高與成爲觸發器的有效事件接觸的頻率。上傳影片是爲了製造「點擊率呈幾何級數增加」的有效方式。同時，一年拍攝五十支影片的 YouTuber，可以累積累許多經驗，可謂一箭雙鵰。當然，我們在前一階段已經說明了通往市場的基本元素，如果是連最基本的品質都不具備的影片，即使上傳數百支也很難得到好的迴響。

是否理解了高頻率策略的核心了？那麼，讓我們猜猜以下哪位的成功機率最高。

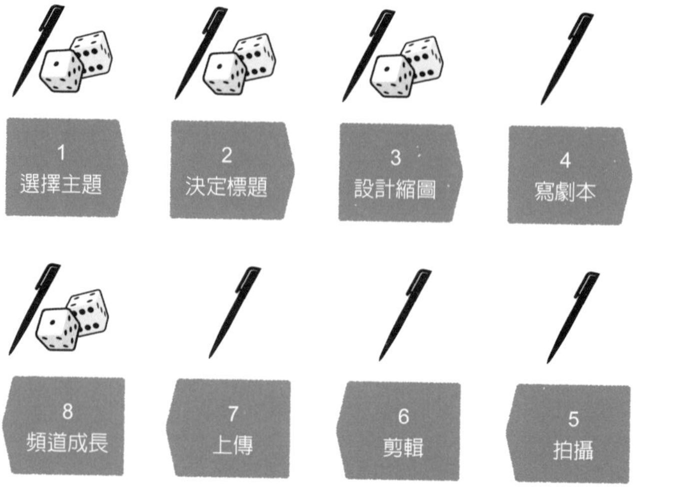

YouTube 影片製作過程中如何區分運氣與實力

實力　運氣

例一：透過 Instagram 宣傳商品的昌珉

昌珉不久前創立了新的帳號，每天上傳一則動態。他掌握人氣Instagram的祕訣，將自己的日常與想傳達給顧客的訊息上傳到社群平臺，自然而然地與眾多粉絲建立起信賴關係，他們並計畫建立一個「開放的群組」。

例二：向好不容易接觸到的二、三人宣傳商品的民秀

民秀熱情洋溢，透過熟識的朋友介紹，向可能需要自家商品的人推銷。他會親自去找對方，

一旦見了面，爲了成功談成交易，他會不惜花費金錢和時間全力以赴。他爲了不知道什麼時候才會實現的「合約」，而一一親自拜訪。

製造好的商品這部分顯然是實力的領域，但是要與可能購買的顧客見面，則是另一個問題。昌珉深知這一點，他透過社群平臺 Instagram 和通訊軟體 Kakaotalk 聊天室等管道，努力爭取更多的潛在顧客。比起向不一定會購買的二、三人集中投入寶貴「時間」的民秀，昌珉的方法更有效，更何況經營 Instagram、Kakaotalk 聊天室幾乎不需要額外費用。也就是說，時間對於資源豐富但沒有錢的年輕人來說，是非常好用的工具。昌珉透過這種方式逐漸擴大影響力，擁有更多需要商品的潛在顧客。那麼民秀的未來會如何呢？你可以盡情想像。回想起我第一次設立租賃攝影棚時，就像民秀一樣。向因工作認識的人們恭敬地打招呼說：「如果需要攝影棚的話請務必跟我聯絡。」並非常積極地分發名片，一有空就約朋友極力宣傳我的攝影棚。那段時間很辛苦，但遺憾的是效果並不明顯。當時我用的並不是積極的銷售方式，而是非常消極的方法。隨著時間流逝，我才意識到銷售的關鍵在：「盡可能地發現需要自己產品的人」。以少數熟人爲對象的安全銷售方式，並無法確保有足夠的潛在顧客。如果只是一味地翹首以待客戶自己找上門來，生意怎麼可能好呢？

「那些急切需要產品的一萬人……不，十萬人，到底在哪裡？」

更要苦惱的是這個問題才對，現在應該可以理解爲什麼提高頻率的策略很重要，我確信高頻率策略是賺運氣的唯一方法。

優化高頻率策略

超常規法則的第四階段，高頻率策略的核心是「多次嘗試」。而最大限度地減少費用會更有利，因爲在整體可用資源有限的情況下，可以用較低的成本嘗試更多。

現在說不定比學生時代準備考試時的情況好得多。那時一次的考試就決定了一切，一旦失敗，除非重考，否則就無法念理想中的學校。一次的考試結果，不僅要靠實力，也要靠運氣，若考壞了不免感到委屈憂鬱。但是事業和考試不同，只要還活著，就可以一直嘗試。如前述，如果大幅減少單次嘗試的費用，負擔就可以減輕。不一定要冠以宏大的「事業」之名，只要花點時間，就可以用「零元」的費用嘗試寫部落格、製作YouTube影片、上傳Instagram動態等。

超常規第四階段定律的參考事項

1. 適用於運氣領域。
2. 如果增加頻率但費用不增加，就是錦上添花。

我向即將開美容院的好朋友解釋過這個策略。他是一個真正熱愛自己事業的人，他笑著說手上的濕疹，對他來說就像動章一樣。我也支持他想獨立開店的夢想，但當真正要開始自己的事業時，他卻感到茫然，畏縮不前。

「我在知名的連鎖店工作很長一段時間，比起我的實力，大部分的顧客更相信品牌，一想到現在要擺脫品牌獨自生存，真的感到很茫然。」

我馬上就看出了他苦惱的原因，但在我看來，他做得已經夠好了。擁有出色的實力，店鋪位置也選得很好，裝潢打點得很到位，現在只剩下「宣傳」。在這個部分，高頻率策略充分可以介入，我問朋友如何宣傳開店的訊息。

「發傳單啊，在附近社區發了數百張。」

我建議他盡量少花錢、少花時間，多找些別的辦法向更多人宣傳。

「開個 Instagram 帳號怎麼樣？這不是向數百人，而是向數萬人宣傳美容院的機會。」

朋友表示他也這麼想，但剛開始想增加追蹤人數並不容易。朋友參考了 YouTube 影片和相關的書後，很快就成功地將粉絲數增加到數千名。Instagram 行銷也是高頻率策略，上傳完全不需要花費任何費用，也不需要很長的時間，因此可以不斷嘗試，這種方式可以爆發性地提高接觸顧客的頻率。

如果商品和服務的品質穩定，成敗便取決於如何充分利用高頻率策略。最近與從事電話行銷工作的人對談，他做的是推銷植牙，與我分享了電話行銷公司的收費。除了收取買名單的費用和基本的服務費，每成交一名顧客，牙科診所還要支付七千到一萬元的佣金給電話行銷公司。從診所的立場來看，爲了招攬植牙的顧客而支付了龐大的行銷費用。後來我更從律師那邊得知，這種營業方式並不合法，對診所來說承擔了太多的風險。

與其這樣，還不如尋找與更多顧客接觸的管道。牙科醫生親自開設YouTube頻道、拍攝影片怎麼樣？可以藉此宣傳植牙，還可以宣導牙齒健康的資訊。像醫師、藥劑師、會計師等專業人士，只要拍攝影片，通常都容易吸引民眾點擊觀看，因爲可以藉此接收到專業知識。影片的點擊率越高，與潛在顧客的接觸範圍就越大。與以前非法買名單的方式不同，這是合法而且更有效果的。對牙醫和患者都有好處。隨著廣告費用減少，醫師的收益增加，患者也可以以較低廉、合理的價格得到醫療服務。

高頻率策略拯救企業

我在經營《申師任堂》YouTube頻道時，曾採訪過運用高頻率策略取得成功的超常規者，他就是年銷售額達十五億元的COSTORY化妝品公司的代表金韓均。不過在他創業初期，也就是二〇〇〇年初，也曾經遭遇過月營業額停滯在七十萬左右，經歷了一段時間的低潮。就在苦苦掙扎的時候，發生了魔法般的事情，讓月銷售額猛增至數千萬元：公司產品出現在Cyworld網*的首頁。原來是一位相當於現在的「網紅」，上傳了介紹和使用COSTORY產品的內容。

當時社群網路平臺不像現在這樣盛行，所以COSTORY並沒有正式展開網路行銷，但從很早開始，該公司就不間斷地向眾多網紅發送各種產品。因為送的都是在製作時多出的產品，所以除了配送費之外，幾乎沒有其他支出。就這樣，創造了數百名網紅與產品結合，有部分網紅給予回饋，將使用產品的感想放在網路上，讓數萬人認識了COSTORY的產品。後來，他還研究了讓入口網站Daum、Naver同時出現產品感想的行銷方法。

像這樣藉由有影響力的人來宣傳，就是最具代表性的高頻率策略之一。最近幾乎大部分企業都在利用這種行銷方式，以業界用語來說就是「播種策略」，這同時也是製造「口碑行銷」，最大限度地擴大與對象的接觸。因為費用並不高，所以可以多次嘗試，而且一旦成功，效果會非常顯著。

COSTORY公司不斷成長，此後年銷售額達到五十億，還接到了美國一家投資公司願出資五百億購買該公司。這是高頻率策略帶來的爆發性效果。

減少失敗的高頻率策略魔法

另一方面，高頻率策略不僅可以提高成功率，對減少失敗也有很大的幫助。像前面提到開美容院的朋友，在實際創業前應用高頻率策略，獲取更多的潛在客戶。

假設想展開T恤事業。如果是我的話，會建議構思產品概念、製作之前，先開設社群網路帳戶，上傳與T恤相關的各種評論內容，收集相關訊息並重新加工後提供給人們。支持原創的粉絲越來越多，當他們與原創的頻率配合得非常有默契，就可以製作並銷售粉絲們想要的T恤了。不是突然有一天說：「好，現在來賣T恤。」而是要把從企畫到上市的過程發生的各種小插曲，上傳到YouTube頻道、Instagram短片等，同時籌備活動，讓對T恤感興趣的人可以共襄盛舉。之後把即將上市的T恤設計上傳到YouTube或Instagram上，那麼對時尚感

＊二〇〇〇年開始的韓國代表性社群交友平臺，後隨著智慧型手機的出現，逐漸式微。

興趣的訂閱者們，不管用什麼方式都會做出反應。如果這時先推出粉絲反應好的衣服，至少會比在沒有任何訊息的情況下推出產品，失敗的機率要減少很多。再加上已經培養了很多粉絲，因此以潛在顧客爲對象展開活動等行銷策略也更容易。在此期間，自然而然地會出現更多對此領域有興趣的「粉絲」。

在特定T恤成爲熱門商品之前，製作各種設計T恤所產生的費用負擔相當大。也就是說，在生產階段很難引入高頻率策略。因此，必須用上述的方式進行不同的處理。因爲可以不斷在YouTube或Instagram上傳，多次展示各種設計，研究什麼樣的設計可以成爲「熱門商品」。這些嘗試在自己覺得倦怠之前，可以一試再試。

實際上，文化產業在產品上市前，也會利用高頻率策略。以Naver Webtoon的業餘平臺「漫畫挑戰」爲例，Naver網路漫畫如何發掘成功的內容呢？傳統文化產業的出版社，將收到的原稿由編輯先評估，並以此爲基礎決定是否與作家合作。在許多投稿中，只有少數經過編輯挑中的可以出版成書。Naver則推出了「Naver Webtoon漫畫挑戰」平臺，來代替傳統的方式。任何人都可以創作並上傳到網站，由廣大的網友來選擇。每個月有數十、數百篇網路漫畫原稿上傳，其中最獲網友們喜歡的作品就可以正式出版。高頻率策略的核心在於「提高在事業上有效事件的接觸機率」。Naver Webtoon的平臺可以掌握大量新作家的作品、確認讀者反應，等於說在審稿階段利用了「高頻率策略」，透過即時確認讀者的反應，尋找成功機會最高的作品出版。比起其他完全由內部編輯決定的方式，風險更低、成功率更高。

爲什麼高頻率策略對我們這種一般人很重要呢？因爲資源有限。如果能以最大限度降低成本的方式增加嘗試，就會大大提高與有效事物接觸的頻率。那麼從某個時點開始，與潛在顧客的接觸範圍將大幅增加，如此就有很大的機會可以成功。

不要一次孤注一擲，試個十次、一百次，不，再試一萬次吧。我相信這對我們這種平凡的普通人來說，絕對是有效的策略。

超常規思考法

鋪上富裕的床墊

大部分人賺不了錢的理由

爲什麼大多數人賺不了大錢呢？主要原因只有一個，就是「不敢嘗試」。人們不想開始，也不想嘗試，因爲害怕失去，這就是行爲經濟學的「損失迴避」。據諾貝爾經濟學獎得主丹尼爾．康納曼和阿摩司．特沃斯基的研究顯示，人們失去時感受到的失落感，是獲得時的滿足感兩倍以上。假設說賺一百萬時的滿足感是一百分，那麼失去一百萬時的失落感就是兩百分。這就是爲什麼大部分的人不敢輕易嘗試，無法成爲富翁的主因。

但如果不嘗試，就不會有變化。如果一直像現在這樣生活，未來也只會出現如同現在這樣的人生。

不要讓你寶貴的創意只留下可能性

是否聽過「具備高度可能性」這種評價？我剛步入社會的時候聽過這樣的話，剛開始以爲是稱讚，但隨著時間流逝，越來越覺得不是那樣。如果「成爲優秀製作人的可能性」「擺脫貧困束縛的可能性」「可望擁有上億資產的可能性」，最後都只剩下「可能性」會怎麼樣？沒能嘗試的可能性越多，日後承受的後悔就越大。

未來唯一不後悔的方法，就是現在馬上嘗試所有可能性。即使失敗了，至少也不會後悔。根據我的經驗，實際行動之後的後悔，比預期的要少。試過了，也知道結果，先不談成敗，但至少心裡很痛快。然而，如果一直不去嘗試，日後的後悔會持續很久。

假設你收到了一盒巧克力，裡面混合了各種口味，有好吃也有不好吃。要先吃哪一個呢？要把美味的巧克力留到最後品嚐，一次感受幸福嗎？但是如果中途巧克力被別人搶走了會怎麼樣呢？最後一顆巧克力的迷人味道，就只留下了遺憾。生活是有限的，有時候猶豫不行動並不是美德。

如果失敗的代價是「零」，誰都可以嘗試

對於仍然害怕嘗試的你來說，最適合的策略就是超常規第四階段的「高頻率策略」。如果有成功機率六〇%，失敗機率四〇%的遊戲，你願意賭上全部財產嗎？雖然成功機率很高，但是風險也很高，輸了就會失去全部財產。但是若把全部財產分開，一次下注一萬元怎麼樣？如果有這種遊戲，我一定會參加。在受「運氣」影響較大的機率領域可以進行多次嘗試，等於已經預約好了未來的成功。

電影《明日邊界》的主角比爾．凱吉（湯姆．克魯斯飾）在死亡的瞬間復活。爲了拯救受外星生命體侵入地球而孤軍奮戰的他，在確定失敗的瞬間選擇了死亡，因爲他知道自己還會再復活。也就是說，死亡的代價實際上幾乎等於「零」，所以他不怕死亡。透過這種方式，經過反覆試驗和學習，變得越來越強

大。用不著把命賭在事業上，如果能像比爾・凱吉一樣，即使失敗也能重新復活，就可以毫不疲倦地再次嘗試，這是一種非常適合沒有財富床墊的普通人的策略。

只有用新的眼光看世界時，
我們才能再創造世界。

彼得．提爾
布雷克．馬斯特斯
——《從〇到一》作者

第五階段

將成果高度普及化

神奇的是，如果按照超常規法則進行，不必要的抱怨就會消失。

有些人會一直私訊我，要求親自見面，我也懷著希望帶來一點有幫助的想法，告訴他們超常規法則的成功祕訣。謝天謝地，他們當中的一些人日後給了我許多回饋。

次頁是我收到「獲得幫助」的感謝訊息截圖，到現在仍一直有很多人傳類似的訊息給我。

照著超常規法則做下去，就沒有時間抱怨現在的處境。YouTube訂閱數只有一百人又如何？有人就算只有一百位訂閱者，頻道照樣有收益。現在沒有錢又怎麼樣？發小財致富的人比比皆是。沒有人脈又怎麼樣？沒有特別的人脈依然擴大影響力的人到處都有！在和我相似的情況下，為了尋找取得「變異」成果的人，

安○○

一直都沒錯過您的講座直播，還重複看了很多次，託您的福，我得到很大的幫助，人生也改變了很多。近來我的粉絲達到四萬五千人，收益破三十萬，以後我會更努力，謝謝您。

真的嗎？恭喜。

您的講座影片我一支都沒有錯過。直播也是。現在還有很多需要學習的地方，我想繼續跟隨您一定會有好的發展。

金○○

您上次在直播中所給的建議，我實際運用在事業上得到很大的幫助。我看書研究高爾夫並拍攝影片上傳，三週的時間上傳了三支影片，今天開始終於有收益了。

恭喜

都是您的講座給我的靈感，我將在其他同樣以高爾夫為主題的頻道中找到的優點，運用在我自己的頻道，很有效果！真的很感謝您。

J○○

因為《申師任堂》介紹創業的影片給我很大的幫助，讓我在念大學時同步展開網拍事業。二〇二二年的年度營業額達到三千萬呢！

我的人生因此大大改變了。

謝謝您。

我會繼續努力，希望有一天可以擁有自己的房子。

加油！

太○○

我有照著您的方法去做。

才二週而已就成功了

真的很感謝您！

喔喔，真是太好了！

之前從您那裡學習到的知識，運用在我的 IG 上。我從一月開始減重，照著您在講座中說的，把減重前的樣子和所有過程都放上去，才三個月追蹤人數就大增，現在快達到五萬人了。從您身上得到幫助，讓我的 IG 成長速度飛快，真的很感謝。

不會花時間在抱怨上。

再也不要因爲運氣不好而畏縮或埋怨了。找到「變異」後，整理並模仿整個過程，區分各階段是「機率」的領域還是「實力」的領域。沒有時間去想別的事，這時累積的實力不會消失，所以無論如何都要提高實力。只要學習，成功的機率也會提高。另外，如果是必須伴隨運氣的領域，最好是減少費用，多次嘗試。

只是照著法則的階段程序走，你會開始逐漸取得好成果，而且現在就是時候，讓這些好的成果變成日常。

超常規第五階段定律

將成果高度普及化！
若已將成果的基本價值提升了，
此時就是進入下一階段的時刻。

不要犧牲睡眠，要僱用員工

複製變異、分割運氣和實力、全身投入並取得成果後，心情會很好。YouTube 訂閱人數從一萬增加到十萬、網路商店的月銷售從數十萬「跳躍」到數百萬元的瞬間，就會感受到成功的快感。

但是不斷追求成長，必然會遇到無可避免的停滯期，也就是低潮。那麼不追求成長，停留在原地也沒關係吧？不是的。在沒有成長的情況下，爲了維持現狀而掙扎到最後，就會出現「倦怠」。

低潮其實是一個相對較好的訊號，只要意識到這是任何人都會經歷的狀況，就可以當作是正面的訊號。你就這樣想吧，沒有人不會經歷低潮。

「我這麼辛苦……別人應該也很辛苦吧？競爭者應該有一半都放棄了。」

想擺脫低潮期，絕對不能放棄。爲了克服這段停滯不前的時期，現在是再次提高成長解析度的時候了。當然，已經進一步成長的現在，和以前的情況有所不同。因爲整個日程都排滿了，所以時間一定不夠用，但是絕對不能選擇減少睡眠。健康是什麼都換不回來的，因此，只有一個答案，必須僱用負責「機率領域」的員工！

「可是，不是在機率領域要降低成本嗎？怎麼現在又要多找人？」

也許會有這樣的疑問。但即使增加費用也要聘用負責機率領域員工的理由，是因爲要在機率領域取得成功，就需要多次嘗試，而員工可以有效地負責這項工作。員工會按照我制定的規範「反覆嘗試」，增加與顧客的接觸點。有員工接手這份工作，我們也會輕鬆很多。

接下來要好好利用剩下的時間了，最重要的是要繼續尋找新的變異。如果在國內找不到，可以將目光轉向海外。

為反覆成功制定指南

如果將機率領域委託給員工，再次找到變異，有更進一步的成長，現在應該做些什麼呢？記錄至今爲止走過的路、確立過程，並製作成指南。最後其他環節也要交給別人，我們需要什麼樣的人呢？

1. 尋找變異的小組

負責找出團隊被制約的因素，進行市場調查。制約因素必然會隨著事業發展而改變，所以這個小組的人，必須能區分新的制約因素以及不再是制約的因素。另外，將表現比我們差的變異體排除在參考值之外，尋找更優秀的變異體，是小組的主要工作。這個小組將注入新的創意，主導成長，適合具有觀察力和創意的人。

2. 進行分割的小組

負責制定如何將變異的特殊要素應用到團隊的假設、驗證、評估實踐等各階段投入的成本及效益。這個小組的人必須是熟悉流程、善於計算，對團隊可以用客觀眼光觀察的人。

3. 負責實力領域的小組

在實力領域，聘用有經驗的員工是最快的。目前爲止，團隊只看到變異的膚淺面貌，現在需要能提高品質的人。這領域適合找大企業出身、有經驗的員工，另外這個小組還要負責制定「業務指南」，以便新員工更快進入狀況。實力領域可以透過學習提高，由他們制定的業務指南，可以讓組織均衡發展。因爲這是極爲中樞的角色，所以他們的薪水通常是最高的。

4. 負責機率領域的小組

比起「誰做」，「做幾次」更重要，因此「最低費用」便成爲原則。在機率領域，降低人事費用很重要，因此將相關業務交給新進員工、實習生或兼職人員比較有效率，因爲他們的薪資相對較低。這時的目標是最大限度地簡化業務流程，以最低費用提取最大頻率。新進員工將履行相關業務、培養誠實的精神、建立觀察市場的眼光。

在機率領域，一名新職員和一名有經驗的職員成果差異不大，因此不需要非用有經驗的職員不可。在這個領域，重要的是嘗試的次數、高度的誠實和最低的成本。

超常規思考法

快速失敗，快速成功

前往超常規的路上，不需要懶惰的完美主義者

有一種方式可以將超常規法則的效果最大化，也就是快速取得成果。很簡單，只要快速確認潛在客戶的反應即可。

有種人叫「懶惰的完美主義者」，指的是如果沒有制定完美的計畫，連開始都不會的人。其實他們不是懶惰，而是追求完美，因爲追求完美，所以看起來有些懶惰。雖然沒有人喜歡「懶惰」的評價，但如果加上「完美主義」，聽起來還差強人意。

懶惰的完美主義者在我們周圍很常見。假設有新進員工在做出自己認爲「完

美」的工作結果之前，不向上司報告。雖然理解他想追求完美的眞心，但以上司的立場很難接受。因爲一個人長時間做一樣工作，結果不會有太大的變化。相反地，如果在過程中數次向上司報告，可以經常得到上司的反饋，這樣更能取得較好的成果。我們是靠反覆取得「小成果」成長的人，因此在應用超常規法則時，快速接受反饋，並積極反映到下一次的嘗試會更有效。

快速嘗試、快速失敗，小小的成功也是機會

我也經常使用透過快速反饋，將項目成長速度最大化的策略。例如在YouTube頻道企畫新單元時，一定要打開討論區功能，確認訂閱者對影片的反應。會進入討論區的人，可以說是「核心顧客」「眞正的訂閱者」。確認他們的留言，消化訂閱者的反饋後製作成影片，可以減少失敗機率。在《申師任堂》頻道中掀起熱潮的房地產單元，就是以這種方式製作的。

企業也會快速反映潛在顧客的反饋，藉以提高成果。某個線上教育平臺在正式推出課程之前，先邀請講師制定課程，製作宣傳影片，然後執行宣傳廣告，分

析潛在顧客的反應。之後，將資源集中投入到反應最熱烈的課程，推出後一舉成功。

快速嘗試——快速失敗——快速反應

對於平凡的普通人，「快速反饋」的成功核心原理也適用。YouTube的點擊率無法達到預期？就讓我們換個吸引人的標題，或是把劇本修得有趣一點，或者改另一種風格的縮圖，不，乾脆製作其他主題的影片好了。不要再猶豫，最好快速嘗試，以確認顧客（訂閱者）的反應。

「我一旦做了就要做到最好，因爲我是完美主義者，所以才執行得不夠快。無論做什麼事，都會想太多……」

不行，光只是想沒有任何意義，懶惰的完美主義者絕對無法成爲超常規者。

第三部

超常規，
還要更進一步

首先，爲讀到這裡的你鼓掌，我相信現在無論你想要什麼，都會得到。因爲你就是那種不會輕易放棄、堅持下去，有毅力的人。超常規之路其實非常單純，我相信堅持不懈地觀察、找出變異、積極分割、累積實力、多次嘗試，你的生活一定會發生變化。

現在我大膽預測你成爲超常規者的未來。對於在短期內獲得財富的超常規者來說，也許人生會感到有些漫長。我也一樣。售出《申師任堂》頻道後，一想到有了這些資產我就可以「不用努力」輕鬆地過好日子，心情激動不已。但是這種想法也是暫時的，我的夢想比想像更大，人生還很長。沒有人逼我，是我不允許自己停留在這種程度的舒適中。

也許你也一樣。如果一個月收入從七萬增加到二十萬，或是資產從千萬增加到上億，你會怎麼樣？恐怕會說：

「這就是全部了嗎？」

想要進一步成長的你，需要下一個階段。因爲從領先者的成果中尋找線索，並快速成長的「超常規」，本身具有局限性，那就是「誰都可以模仿」。以追隨者的立場來看，這是最大的優點，但從領先者的角度，就會成爲痛苦。爲了在激烈的競爭中生存下來，從現在開始要創造屬於自己的道路。

那麼下一步該怎麼走呢？對於成為超常規者之後的過程，我想和大家分享我找到的三條線索。如果你比我先找到別的答案，也請告訴我，我也想和你一起超越超常規。

第一條線索

提高組織的水準

我們爲了成爲超常規者而努力地「分割」，把工作程序從一細分到十，然後又再加以細分。分割成運氣和實力的領域後，挑戰多次，努力學習成長。但是出現了一個問題，就是所有人都會照著這種程序緊緊追在我後面。

想甩掉緊隨我後面的競爭者很簡單，只要走在他們前面就行了。如果有人跟在我後面兩步，那我就領先三步。從現在開始，我們要努力走在別人前面，以下提出兩種建立領先的組織的方法。

一、領先的組織要迅速溝通

要想超越競爭者，所有階段都要提高「速度」。如果不斷成長的組織規模變大，內部成員之間的溝通速度必然會變慢，做決策需要時間，執行速度也會延遲，成長也變慢。要阻止增長趨緩，必須迅速提高溝通速度。解決方法之一，是將看起來複雜的過程，以單一主題簡單明瞭地表達。

「主題」一詞聽起來可能很抽象，讓我們舉個例子。有一天組長給組員們發這樣的訊息。

「今天二點，進行主題會議。」

於是，所有組員有條不紊地各自準備會議。A預約會議室，B影印會議資料，C檢查簡報檔案。組長其實沒有詳細指示誰應該做什麼，但是聽到「主題會議」這個關鍵字，組員們就自動地履行著自己的職責。這是因爲團隊內部已經就「主題會議」達成了共識。「主題會議」，僅四個字就迅速整理組員們的想法和行動。像這樣，如果將各種概念結合在一起，創造出新的單詞，就可以大大縮短付諸實施的時間。

爲了有效溝通，所有職員都要正確理解內部協議過的共用單詞的意義，掌握執行順序和作用。因此，從組織層面來看，有必要進行教育。另外，對於各自負責的部分，要盡到自己的責任，以免出現失誤。這也取決於公司如何教育和培養內部成員。

我也在團隊中應用這種交流方式。假設有一天我說：「下週要製作一個重點主題。」團隊會如何行動？

（目標）

製作重點主題。

（執行）

1. **以YouTube銷售商品，須向外部採購。**
2. **為銷售商品製作詳細頁面。**
3. **在相關頁面上設置URL，在YouTube影片的留言版置頂文。**
4. **製作宣傳影片，完成後上傳到頻道。**

像這樣，多個階段的過程包含在「重點主題」這個單詞中。我把細細分解的過程統整命名爲一個單詞，在團隊中共享，加快了大家的交流處理速度。快速的交流必然會帶來快速執行、快速獲得成果和成功。這也是優化大腦、增加有限大腦使用量的方法。

之前我曾強調，爲了從常態走向超常規，必須有一個「分離」的過程。因爲只有細分所要做的工作的全部過程，並製作成指南，才能成長爲領導者。但是成爲領導者後，需要重新捆綁分割過的概念，快速引導組員們達成共識，提高溝通的過程。這是進一步提高組織水準的最基本方法。

二、用專家的眼光填補漏洞

提高組織水準的第二種方法是藉助專家。借用專家的眼光，意味著從專家的角度來看。如果將我的眼光提高到專家的水準，觀點就會發生變化，另外還可以找出過去沒有察覺到的問題。

我從幾個月前開始學習游泳，就意識到所謂「專家眼光」的重要性。雖然以運動兼興趣輕鬆開始，但後來因爲天生的好勝心，想做得更好。我在網路上查找游泳相關內容並詢問，試著改變手臂的角度、模仿抵抗水流的方法，練習熟悉在水中轉身，但依然一團糟。聽我說完苦惱後，一個很要好的後輩這樣說：

「唉，那種方法只適用社區游泳池啊。」

後輩提出「社區游泳池論」，就是目前在社區游泳池游得很好，但如果想更進一步，就要改變格局。也就是說，「應該去能正確提高自己紀錄的地方」。我接受了後輩的建議，決定花一筆不低的價錢去正規游泳選手訓練的地方，接受專業的指導。結果我成功了，游泳速度快多了，花費的力氣也減少了。透過這樣的經驗，我知道要想提高水準，就必須遇到能進一步提高自己水準的人。

我決定把後輩的「社區游泳池論」應用到事業上。於是，最先發生變化的就是人才聘用標準。以前重視應聘者的專業性或能力，現在我更注重意志和熱情，就是將重點放在團隊缺乏的部分，也就是具有卓越專業性的人。

在創業初期，應聘者的專業性對我來說不是首要條件，因爲當時招募人才的目標是聘用「忠實遵循我制定程序運作的員工」，因爲在事業初期，穩定反覆地取得成果是非常重要的。那時，比起在某領域裡的「專家」，我更需要忠實履行程序的「平凡人」。

但在事業上軌道成爲超常規後，情況就不同了。這時，最需要透過卓越的專業性和獨創性的眼光，可以在反覆的過程中發現漏洞並改善的人才。一言以蔽之，就是要招募我們團隊成員所欠缺能力的人。

以製作YouTube影片的團隊爲例。初期從影像主題選定到拍攝、劇本製作、縮圖設計、邀請來賓等，都是我一個人負責。在頻道訂閱數超過十萬人之後，就需要能照著我的標準製作劇本、設計縮圖、負責邀請來賓的職員。當時招募了善於遵循既定程序的員工，但現在不同，我將焦點放在擅長寫作的作家，以及擁有我所沒有觀點的影片剪輯師。隨著聘用那些具有我所缺乏才能的人，頻道訂閱數又再次增加。

如果成長停滯，就看看現在是不是需要專家眼光的時候。或許在成長過程中，內心深處悄悄升起的不滿情緒，反而是一個好的信號。若捕捉到那個信號，用專家的眼光來看，想法的層次就會不同。

第二條線索

構築網路

我從二〇一五年開始創業，在二〇一七年正式經營網路商店，當時的月銷售額爲一百六十萬左右。雖然與上班族的薪資相比是很高，但與其他同業相比卻只是零頭而已。儘管如此，我可能是當時最有名的網路賣家之一。那麼業績普普的賣家，又如何能變得有名呢？

答案就是「網路」。那時我正在全力經營YouTube頻道《申師任堂》，隨著在頻道的知名度和影響力逐漸增大，我也跟著出名了。如果YouTube這個平臺沒有擴大影響力，我應該還是沒沒無名。我從這個經驗中悟出了一個眞理，人、品牌、公司、商品、企畫……不管是什麼，網路連結的大小是決定成功與否最重要的因素。

我意識到網路是決定超常規的巨大因素，若想成功，又應該如何利用網路呢？

網路是最快取得更大成功的捷徑

我現在在YouTube、Kakao View、Naver Post、Instagram、Naver TV等多種平臺活動。不僅如此，還在新的「Threads」上積極與粉絲交流。我在各種平臺花費相當長的時間、持續發表的原因只有一個，就是爲了擴大我在各個網路中的影響力。顯然其中一些平臺會像以前的YouTube一樣爆發性地成長，那麼與該網路相連的朱彥奎，也將獲得共同快速成長的機會。如果能像這樣好好利用網路，在其中培養影響力，更容易實現社會成功。

創造「無尺度網路」理論的東北大學教授巴拉巴西在受訪時表示，「成果」和「成功」這兩個詞，存在意義的差異。成果是個人能力的結果，所以比較客觀，而成功取決於社會對成果的認可程度，主觀因素較大。總而言之，他主張成功和「網路」密不可分。

巴拉巴西在自己的著作《巴拉巴西成功定律》中，爲顯現「網路」的必要性，以很難評價成果的藝術領域爲例。他透過研究表示，在藝術領域取得成功的最大因素是網路，在這裡指的是美術館、博物館、畫廊之間的連結網。他表示，根據特定藝術家最初在哪個畫廊展示，可能會影響他成功的時間提早或延後二十年。

分明有成果才能成功，但並不是說只要有成果就能成功。如果已經以超常規者取得了成果，就不能忽視網路的重要性。透過在強大的網路內部擴大影響力，我們將更快、更接近成功。那時，我們的成功就達到了超越加法的乘法領域。

在自己創立的網路中飛躍

正如之前所說，我一直努力在各種網路中擴大影響力。最近更進一步思考「能否建立以我爲中心的網路」，這是因爲從一人企業開始，在聘用員工的過程中，遇到了本質上的局限性。

剛開始招募員工時，心裡只想著「希望能再有一個像我這樣的人」，如果有一個人複製我的過程，就能取得兩倍的成果，三個人就是三倍、四個人四倍。因此，事業發展爲了取得更大的成果，除了建立固定的系統和程序，還要聘用能夠複製我成果的員工，了解流程、能確實執行的「聰明」員工越多，事業就越繁盛。

但當事業走上穩定的成長軌道，並開始不斷取得成果時，像我這樣的經營者會陷入新的苦惱之中，那就是聰明的員工們會離開。因爲優秀的人才必然會辭職去建立自己的事業。當然，這並不是值得嘆息的事。因爲人類始終無法放棄創造「屬於自己的東西」的欲望，自我實現，本來就是人類的本質欲望之一。

不知從何時起，我開始考慮到這點，高額的獎金、年薪、福利，也無法阻止人們想要創造「自己的東西」的根本欲望。那麼無限地培養並聘用員工，公司是無法取得持續穩定成果的。該怎麼做？經過一番思考，決定嘗試一下新的東西。

自發地建立屬於我的網路，

也就是：以他人的欲望爲基礎，建立工作的生態系統。

如何解決「聰明員工」獨立單飛、超越我的人持續增加的問題呢？我決定讓這些優秀的人才站在我這邊。建構一個讓他們自動向我靠攏的系統，就是最大限度地活用欲望和自我中心的方法。

讓我們透過下面的例子，來了解抽象「建構網路」的概念。最近我開設了名爲「YouTube學習小組」的網路社團，並開始進行名爲「人生是團隊合作」的專案。社團會員們在最起碼的規則下，自發地在這裡聚會。謀求自我開發的會員們聚在一起共享好的資料，互相支持。這樣一來，在這麼多聚會中，必然會出現成果特別突出的小組。我會在YouTube頻道採訪那個小組的組長，自然而然地賦予他影響力。組長光是以「人生是團隊合作」這一點，就能自然形成自己的網路。而在此期間，社團的規模會越來越大，影響力也越來越大。

過程中沒有「控制」或「命令」，這是一個讓個人欲望成爲潤滑劑並運行的系統。想自我開發的欲望、想成名的欲望，將人們聚集到這裡。在大家自發性地努力成爲取得更多成果的人時，我和他們之間自然而然形成了網路。構建這種網路的核心是「自發性」。爲了各自的欲望努力，最終轉化爲所有人的利益。也就是說，建立「只要我成功，其他人就成功，而他們成功，我也會成功」的良性循環結構。人們自願愉快地參與並貢獻，在實現欲望的過程中，也能從中獲益。

另一方面，爲了維持自發性，應該賦予生態系統最低限度的「規則」，但管理者不能控制。像「人生是團隊合作」的管理團隊，也沒有參與個別聚會，管理者的作用只是在成員展開個人欲望及行動時，在下面鋪好萬一墜落時的保護墊。

構建魅力網路的四個要素

假設你有一個很棒的計畫，想構建網路，利用 YouTube 頻道和 Instagram 來吸引人是很基本的做法。你想讓更多的人在你構建的網路裡活動嗎？為了能有爆發性的成長，網路本身必須具有魅力。也就是說，無論以何種方式，都要給參與者帶來利益，我將魅力網路的特點分為四種。

1. 提供新靈感和機會

在網路中，參與者能繼續獲得靈感和機會。這時最重要的是參與者之間的協調合作。為了能夠相互合作，不僅要準備溝通窗口，還要建立成員們可以自己創造合作機會的管道。成員之間的合作越多，網路就會越成長，「壓抑」的網路沒有太大的吸引力。

2. 資訊共享暢通

應該建立網路參與者自己可以擴散訊息的結構。在此過程中，優質的訊息越能隨時共享越好，如果在網路外也能順利擴散，就是錦上添花。成員們越多分享知識和經驗，網路的價值就越高。以優質訊息共享爲基礎的網路，會很快吸收外部人士，很多人將透過「搜索」的方式流入網路。舉例來說，最具代表性的形態就是韓國最大入口網站Naver的「Naver café」。

3. 共享好資源，互相幫助

從網路參與者的立場來看，相互交換優質資源、相輔相成的網路，會讓他們很難脫離。想取得這樣的效果，必須構建好平臺，讓網路成員可以安心地共享自己的經驗和一些較高層次的訊息。也就是說，構建成員相互幫助成長的系統，如果認爲在網路上更容易獲得成功所需的資源，同時成長的機會很大，那麼人們絕對不會想脫離，這是網路成長最重要的基礎。

4. 讓具有相同目的的人，聚在一起

參與者多不代表網路一定會成長，最重要的必須是具有相同目標的人聚集。當他們聚在一起時，成員之間就會產生「協同效應」，隨著參與者相互分享和傳播創意和藍圖，網路必然會更加鞏固。隨著他們在網路上培養和增長各自的影響力，網路水準也會隨之提高。不要盲目地執著於有多少成員，應該把重點放在「以同樣目標」聚集在一起的人，全力構建網絡。

想走快點，就自己走；想走遠點，就一起走。

最近，我更加深刻地體會到這句話的意義，一個人成爲「超級英雄」也不可能凌駕於世界之上，但是與其他許多「超常規者」一起走，可以走得很遠。在完善的網路中，各自爲了自己的欲望而奔波，彼此相互交流會打開新的可能性。此時此刻，爲了不受到衝擊而崩潰，我也正在思考「如何才能一起走」的方法。

第三條線索

融合不同性質的要素

在資本主義社會，生產者爲占有市場做出的努力令人驚歎。一覺醒來，發現競爭者爭先恐後推出新的內容、服務、產品。在一切都瀕臨飽和的今天，怎樣才能讓我的東西與眾不同？我認爲答案就在「融合」。將兩種不同的要素混合在一起，創造出新的東西。

讓我們來看一下購買者忠誠度非常高的iPhone。在iPod首次面世的二〇〇二年，美國人隨身攜帶手機，商業用手機大多是黑莓機，還有MP3播放器。賈伯斯在五年後的二〇〇七年首度推出將所有功能裝在一個機器上的新概念手機，就是集相機、GPS、無線網路、電話於一機的iPhone。正如賈伯斯所宣稱的，他改變了世界。像這樣「融合在一起就成功」的眞實事例很多。

因爲是「賈伯斯」的「蘋果」才可能做到，我們怎麼能像他那樣呢？沒錯，像我們這樣平凡的普通人，沒有賈伯斯那樣擁有非凡的頭腦，也沒有蘋果公司那麼多人力、物力資源，但也沒必要低估現在擁有的東西。我可以盡量調動擁有的人力、物力資源進行混合，核心是融合「看似完全不相容的幾種東西」。以下就介紹我爲了在YouTube這個紅海市場生存，是如何運用融合的。

例一：不斷傳達自己的核心訊息

爲什麼要放棄？爲什麼害怕失敗？千萬不要放棄，唯有重複小失敗，才能成功。在無數次挑戰之後，一定會有成功等著你。

例二：以數據說服訂閱者

（運用數學）各位，假設擲骰子擲出六點就贏，而一次投出六點的機率是一六．七％，看來似乎很難，但是你會把全部財產都押在那一次嗎？這樣的話你也許會手抖得擲不下去。好，那就這樣想吧。把擲骰子的次數增加到一百次，次數越多，擲出六點的機率就越接近一〇〇%。

（回到正題）成功的祕訣就在此，只要多嘗試，不怕失敗。不要一次賭上一切，把資源分割，進行多一點嘗試。

像例一那樣反覆傳達自己的核心訊息，這種方式並不新鮮。用雄壯的背景音樂，剪輯充滿熱情的景象，這樣的影片很常見。我沒有複製那個已經被用到爛的內容，而是像例二那樣，用融合數學思考和核心訊息的方式，製作出更有說服力的內容。正如預想的那樣，得到了很好的反應。

有時只是透過混合兩種想法，就可以實現差異化。我的桌子上堆滿了金融、工程、數學和科學書籍，透過閱讀其他領域的書籍就能獲得可觀的知識資本。想創造出新的東西嗎？那就融合一下，會得到意料之外的驚人成果。

後記

無論選擇什麼，你都是對的

不是含著金湯匙出生，天生平凡的我們，爲了在這個世界上獲得成功而掀起的一種「叛亂」，不僅是成爲超常規的五個階段，還一起思考了如何在不斷前進的世界中生存下去的方法。我的分享到這裡，之後剩下的就只有支持你。你一直渴望成功，希望從現在開始，你比任何人都信任自己。如果別人做到了，你絕對也能做到。

我懇切地希望你幸福，即使你停留在某處，也沒有錯；即使你決定不設限地折磨自己，也沒有錯。我只是想告訴你，無論何時，你都能走得更遠、爬得更高。但是，在堅定的決心背後，必然會伴隨著瞬間吞噬一切的懷疑。

我眞的能做到嗎？

朱彥奎能做到是因爲他是朱彥奎！

要是白費力氣失敗了怎麼辦？

每天都會數十次浮現這些想法，然後消失。

懷疑、擔心和焦慮會一直跟著你、折磨你，甚至現在這一瞬間也是如此。

但是你絕對可以克服。

就算沒有人相信你，

但我相信——

你一定可以做到。

Eurasian Publishing Group
圓神出版事業機構
方智出版社 Fine Press
www.booklife.com.tw
reader@mail.eurasian.com.tw
生涯智庫 220

超常規SUPER NORMAL：沒有金錢、人脈、才能，也能創造驚人成就

作　　者／朱彥奎（주언규）
譯　　者／馮燕珠
發 行 人／簡志忠
出 版 者／方智出版社股份有限公司
地　　址／臺北市南京東路四段50號6樓之1
電　　話／（02）2579-6600・2579-8800・2570-3939
傳　　真／（02）2579-0338・2577-3220・2570-3636
副 社 長／陳秋月
副總編輯／賴良珠
主　　編／黃淑雲
責任編輯／林振宏
校　　對／林振宏・胡靜佳
美術編輯／林韋伶
行銷企畫／陳禹伶・蔡謹竹
印務統籌／劉鳳剛・高榮祥
監　　印／高榮祥
排　　版／杜易蓉
經 銷 商／叩應股份有限公司
郵撥帳號／18707239
法律顧問／圓神出版事業機構法律顧問　蕭雄淋律師
印　　刷／祥峰印刷廠
2024年8月　初版

定價340元　ISBN 978-986-175-805-3

「你要對自己的『舒適度』敏感一點。
最好盡一切努力，讓自己保持在舒適的狀態。」

——《設計好心情》

◆ **很喜歡這本書，很想要分享**

圓神書活網線上提供團購優惠，
或洽讀者服務部 02-2579-6600。

◆ **美好生活的提案家，期待為你服務**

圓神書活網 www.Booklife.com.tw
非會員歡迎體驗優惠，會員獨享累計福利！

國家圖書館出版品預行編目資料

超常規 SUPER NORMAL：沒有金錢、人脈、才能，也能創造驚人成就／朱彥奎 著；馮燕珠 譯 . -- 初版 . -- 台北市：方智出版社股份有限公司，2024.8
208 面；14.8×20.8公分 --（生涯智庫；220）
譯自：슈퍼노멀
ISBN 978-986-175-805-3（平裝）

1.CST：自我實現　2.CST：生活指導
3.CST：成功法

177.2　　113008986